The Young Audience

子どもという観客

―児童青少年はいかに演劇を観るのか―

マシュー・リーズン

訳　中山夏織

晩成書房

The Young Audience
Exploring and enhancing children's experiences of theatre

By Matthew Reason

© 2010 Matthew Reason

First published in English by A Trentham Book, Institute of Education Press, under the title THE YOUNG AUDIENCE: Exploring and enhancing children's experiences of theatre. This book has been translated and published under licence from Institute of Education Press. The Author has asserted the right to be identified as the author of this work.
All rights reserved.

献辞
アリソンに。

目　次

謝辞…………………… 4

2018年日本語版への序文……………… 6

序章……………… 20

part 1　コンテキストと問い 　　　　25

第1章　子どものための演劇と教育………………………………… 26

フィリップ・プルマン　演劇─真実のキーステージ………39

第2章　観客開発から文化権へ………………………………… 40

トニー・グラハム　子どもたちは育つ………56

第3章　児童演劇における質………………………………… 58

ペーター・マンシャーとペーター・ヤンコヴィッチ　目の高さ………67

part 2　演劇という体験 　　　　69

第4章　子どもの生の演劇体験を研究する………………………… 70

第5章　演劇的幻想と物質的現実……………………………… 84

第6章　演劇的能力………………………………………… 111

第7章　倫理的あるいは比喩的な関与……………………………… 127

part 3　関わりを広げる　　135

第8章　関わりを広げる ………………………………………… 136

第9章　体験を描く ……………………………………………… 144

第10章　演劇について語る …………………………………… 162

結論　観客のまなざし　　191

写真「観る」撮影：リサ・バーナード ……………… 192

観客のまなざし ………………………………………………… 193

参考文献 …………… 198

訳者あとがき ……………… 206

謝辞

このプロジェクトの様々な段階で協働し、関わっていただいたアリス・マックグラース、トニー・リーキー、ならびにイマジネイトに、心からの感謝の意を示したい。私はまた、この研究に参加し、プロジェクトを報いがあり、エキサイティングものにした、全ての子どもたち、教師、学校に感謝したい。

文章や画像の掲載を許可して下さったフィリップ・プルマン、トニー・グラハム、ペーター・マンシャー、ペーター・ヤンコヴィッチ、リサ・バーナードに感謝する。また私は、様々な方法で、研究ワークショップを担ったムラーグ・マッキネス、アリソン・リーヴス、ブライアン・ハートレーに感謝したい。

研究の最初の段階に対し財政支援をして下さったスコットランド政府教育部に、大きな感謝を示したい。

最後に、私のパートナーのアリソン・ダイクに感謝し、児童青少年演劇への私自身の関与を高めた私の子どもたち――ナサニエルとアイダンの役割にも感謝したいと思う。

子どもという観客
―児童青少年はいかに演劇を観るのか―

2018年日本語版への序文
マシュー・リーズン

　私の著書『The Young Audience』が他の言語に翻訳される。その日本語版の出版に寄せて、新たな序文を書く機会が与えられたことを誇らしく感じている。翻訳というものの重要性は、残念なことに、自分が話すことも読むこともできない言語で、自分の言葉が語られることであり、個人的な喜びを超えるものでもある。第一に、翻訳の重要性は私たちの仕事を国際的なコミュニティの可能性に刻み込むことにある。また文化と国境線を超えるアイデアの交流を意味する。翻訳家の挑戦は、テキストの言葉だけでなく、そこに内包される概念と経験をもまた翻訳することにある。異なる言語においては、即時的、または直截的に同一でありえない。それゆえに、日本語版に着手し、また私のテキストを日本語に翻訳するという仕事――私にとってはほとんど魔法のようだ――を担った中山夏織に対し、多大なる感謝を示そう。

　翻訳の一般的価値、そして言語を交錯する概念のコミュニケーションに加え、児童青少年の観客のための一書籍の翻訳出版は、より特別な意味をもって重要だとも見なせよう。即ち、この領域の発展のさらなる成長と、高まる尊敬の証明でもあるということだ。児童青少年の観客のための演劇 [theatre for young audiences] は、その国際的交流を広げている：アシテジのような組織による開発支援；国際フェスティバルでの提示と受容；そして、学者・研究者の国際的コミュニティの伸長等である。即座に親密で、手の届くところにあり、その観客と直截的なつながりをもつ児童青少年のための演劇が、また、その実践と研究においても国際性をもつことは、概念、知、テクニック、最良の実践、影響の証拠、そしてグローバルな舞台において、さらに多くを交流させることであり、きわめて重要である。

　『The Young Audience』の出版から7年が過ぎた。それゆえに、この日本語版に序文を寄せることは、2010年以来、児童青少年のための演劇の領域での進展を反映させる機会だと思われた。私は本書が何を成したかを考えるだけでなく、本書では触れることはなかったが、益々顕著になり、さらなる考察を必要とする領域についても考えた。この省察をまとめるために、児童青少年演劇について考える多くの人々に連絡し語り合った。知己であり、尊敬する存在ト

ニー・グラハム［Tony Graham］、ノエル・ジョーダン［Noel Jordan］、ヘンリク・コーラー［Henrik Kohler］、トニー・リーキー［Tony Reekie］、そしてマノン・ファン・デ・ワーター［Manon van de Water］である。寛大に提供してくれた彼らの考えと応答は、ここでの議論に織り込んだ。その結果は包括的な調査ではなく、より部分的なものだが、児童青少年のための演劇分野における研究と実践を考える際に思い至る3つの主要領域について主観的に提示するものとなった。研究と実践の関係；舞台と舞台外をめぐる多様性の問い；そして観客の関わりへの支援ということだ。

児童青少年のための演劇における研究と実践の関係性

　出版以来、いかに本書が読まれ、演劇研究者だけでなく、芸術の実践家にとっても役立つと思われたことには驚かされた。演劇学とパフォーマンス学の全ての研究者が、実践に影響をもたらす――少なくとも、実践家にとって適切で関心を持たれるという――願いを抱くものの、学術界と芸術界のあいだにはかなり大きな隔たりがある。この隔たりが児童青少年演劇の分野においては狭くなりつつあるように見えるのは興味深く重要なことだ。そこに、いくつかの理由がある。

　第1に、この分野に特定で、厄介な命題forにより示される要素である。児童青少年のための演劇は、大人により作られ、価値づけられ、プログラム化され、実に、研究され、執筆される。私の経験では、この重要な関係性の自覚は、ある種の自己省察を促す。研究を通して得られる洞察への多大な開放性、観客のために作品を作る意味が必然的に何なのかを見いだすために、開かれ、問い続けるあり方で、観客と関わりあう必要こそが大事であるという感覚である。私はこれまで幼い観客から大人に至るまで、幅広い年齢層にわたる観客調査を行ってきたが、その洞察が、知りたい、理解したいという関心や渇きをもって応じられたのは、排他的なまでに、児童青少年の観客の研究だった。私はこれが児童青少年のための作品を作る時、そこに抜本的なまでの――わからない――が存在するためだと考えている。大人としての私たちは、児童青少年の生の体験を完全に理解できないのである――だからこそ、知りたい、理解したいという明白な欲求を生む。

　第2に、この最初の要素により促進されているのは疑うべくものないが、児

童青少年のための演劇の分野には、この自己省察的な姿勢を認識し、支援する組織が存在することである。私が最も密接に活動した２つの組織——スコットランドのイマジネイトとデンマークのシアターセントラム［Teatercentrum］をもって確かに真実といえる。いずれの組織も支えとなるだけでなく、真に関わり、好奇心をもち、首尾一貫して私の研究以外にも関与してきた。イマジネイトは、もちろん、本書で示された研究の最初からの共同パートナーであり、彼らの創造的発展のプログラムが、リサーチ・アーティストの役割を含んでいるのは意義深い。一方、シアターセントラムは、観客開発やマーケティングという狭い概念を超えて、多様性に富むプロジェクトに関わり、真に実験的であり、問いの感覚に突き動かされている——児童青少年のために作品を作り、プログラム化し、推進するとは、何を意味するのか？　一例が、2016年のエイプリル・フェスティバルで、シアターセントラムのペニール・ヴェレント・ソーレンセン［Pernille Welent Sørensen］とともに、私が企画を手助けしたシンポジウム「観客はいまの存在［Audience are Now］」である。

　ファン・デ・ワーターは、国際的な舞台において、2006年のITYARN（国際児童青少年演劇研究ネットワーク［International Theatre for Young Audiences Research Network]）の発足を、重要な瞬間だと強調している。児童青少年のための演劇が、研究をより真剣に扱いはじめ、研究者と大学のコミュニケーションと交流を促進するゴールをわかちあっている（個人的なコメント：2006年11月）。ファン・デ・ワーターは、この進捗がイベット・ハーディ［Yvette Hardie］会長のリーダーシップのもと、よりダイナミックでいまや国際的な顔となったアシテジによって、いかにもたらされたか、さらに、かつて「かなり堅苦しい組織だったものの、新しいメンバーシップ獲得方法、新しいコミュニケーションの方法、新しい児童青少年のための演劇の領域の定義法、新たな包摂と多様性についての洞察の探求」について描いている（個人的なコメント：2016年11月）。

　研究の可能性に対する関心のさらなる理由は、「アドヴォカシー」のアジェンダにある。かつては舞台芸術の「シンデレラ」と無視され、軽視された存在だったが、研究が児童青少年のための演劇の価値の議論、助成機関との交渉を助け、文化政策の論争を支えると理解されるようになったのだ。イマジネイトの現ディレクターのノエル・ジョーダンは、次のように述べる。

　　青少年の生活にとっての芸術の重要性をセクターとして擁護し続けなけれ

ばならない、すべきであると確信させられました……(略) 児童青少年の生活と健全育成のための芸術の便益を証明し続ける全ての研究がセクターに提供するのは、芸術界における我々の位置づけと、子どもが幸福である状態のために闘い、擁護しつづける研究という大砲のさらなる重要性なのです。(個人的なコメント：2016年11月)

　同じくトニー・グラハムは「政治家のために、作品の影響を確認できる質的、量的な研究を必要とし続ける」と宣言する。グラハムが重視するのは使える言葉である。「だが、我々はまた、過去の研究の規範によって束縛されない研究も必要としている。探求の性質により見いだされる、創造性と情緒的知のあいだの探求的な研究ということだ」(個人的なコメント：2016年11月)。これらの見解は有効かつ理解できる位置づけにある。そして、異なる国々の特定の現在状況は——芸術助成の削減や、教育カリキュラムのアジェンダや優先順位の変化を通して——研究の必要性をより緊要なものにしている。これらの教育の変化は、ターゲット主導のカリキュラムを益々導入する形をとり、芸術を通して生まれる、より掴まえ所のない全体的な学習の余地を減らす。グラハムが描く探求的な調査——そして、本書が述べるものは——私たちの芸術の感情的かつ実験的な影響の類へのより大きな洞察を可能にするものなのだ。
　しかし、研究と擁護の差異が守られることも重要なことだ。さもなければ、ポジティブな結果だけが重視・認識される罠に落ち込む危険があるからだ（芸術評価と研究「好循環」の優れた議論は2005年のヨハンソンとグロウの研究を参照のこと）。これこそが「研究の価値は問いかけることであり、児童青少年のための演劇は、常に規律として、より自信を育てるにつれ、これらの問いかけが批判的かつ挑戦的になる必要がある」とグラハムが主張し、認識するものである（個人的なコメント：2016年9月）。同時に、研究者らは、結果と洞察を効果的に広げ、届けるために、実践家や企画者らとともに活動することを徹底する必要性がある。実践のダイナミックな領域の中に研究がはいっていく価値と重要性は、アシテジ理事会の一員となった研究者ファン・デ・ワーターが主張している。彼女は次のように書いている。

　研究は、私たちがなぜ、何を、どのように行うのかに光を当てることができます。研究はコンテキストに実践をもたらし、他の見地を提供します。研

究は、諸理論と仮説を試すことで実験につながります。研究は、どのように過去が現在の中に残り、未来へと導くかを示します。研究は、既存の理論を再枠組み化し、再コンテキスト化し、再構成し、何か新しくエキサイティングなものに導くのです。滞るのではなく、この分野を前へ進めるのに役立つものなのです。（個人的なコメント：2016年11月）

　かなりポジティブなこととしては——未来のために最も大事なことだが——博士号 [PhD] 候補者の中に、児童青少年のための演劇を課題に選択することを含む、力強く問う研究の継続的な進展が見られることだ。英国の事例としては、カリアン・シュイテマ [Karian Schuitema] の博士論文は、インターカルチュラルな児童青少年のための演劇に焦点をあてているし、彼女はまた、2012年版『児童青少年演劇：批判的ハンドブック [Theatre for Young Audiences: A Critical Handbook]』の共同編集に携わっている。また、ベン・フレッチャー・ワトソン [Ben Fletcher Watson] の研究は、乳幼児のための演劇に焦点を当ててきた。国際的には他の事例もあるだろう。このような研究は、私たちがこの分野で見てきた動向と、さらに続いていくことが確かであるもののうちのいくぶんかを示唆するものである。観客のあいだと舞台の上におかれる作品ともに、多様性の問いの考察を含んでいる。

多様性と舞台の外

　益々広く用いられる表現「児童青少年（の観客のための）演劇」は、実践的で、他とは見分ける重要な機能を持っている。私たちが幅広い範囲の活動をわたって活動し、考えることを可能にし、研究と実践の規範を形成し始めるのである。『The Young Audience』はまた、あえて「子どもたち [children]」という言葉を避けた。意味する年齢、おそらく態度をもより制限するものになるからだ。多重の文化的な言外の意味を運ぶ認識装置（純真からナイーブさ；ケアされる必要のあるものとして大人との関係）としての子どもたちの一方で、児童青少年の観客 [young audience] は、主にパフォーマンスとの関係を主張する、より背負い込まない用語だからである。

　同時に、観客という語は、均質化された意味を持つ可能性がある。全ての観客が同じという推定で、同じ背景と体験、応答するというものだ。等しく、児

童青少年が、主に大人ではないと示されると、幼い観客のうちにある多様性が無視されることになる。このことは、幼年期の構造の難しい問題として認めることを除いて、本書が中心的に扱った要素ではなかった。しかし、研究と実践について、障害、ジェンダーと性的趣向、人種を含む幅広い要素に及ぶ、舞台上・外でともに考察される必要がある要素である。ファン・デ・ワーターが主張するように、「児童青少年のための演劇とは何か、誰がその参加者であり、何が青少年という観客を構成するのかといった私たちの概念を、よりインクルーシブにしなければならない」のである。

　歴史的には、障害と芸術をめぐる主たる言説は、おそらくはアクセスにまつわり、階段、誘導ループ、手話付き上演等の提供を高めることで、障害を持つ観客が、第1に劇場の建物に入り、第2にパフォーマンスにできうる限りの関わりを可能にすることである。オーストラリアの障害者芸術の研究者ブリー・ハドレイ [Bree Hadley] が描くのは、「その場しのぎの便宜」を提供すること」で「十分」という態度である。この目的のために劇場がとりいれるのは——

> 標準化された便宜的な対応である。演劇実践を、いかなる顕著な方法においても中断、妨害、変えることなしに（障害をもった人々が）参加することのできるもので「十分」だと考えられている。盲目、聾唖、その他の障害をもつ見者が、ある決められたセッションに参加することができれば、それによって、彼らの見るということの視覚的、肉体的、触覚的なモードが、仲間の見者の楽しみを中断することなしに処理できる。だから、これで「十分」と思われてしまう。(2015：162)

ハドレイの批判が内包するのは——そして、彼女の議論全体の中に顕在するのは——これが十分な状態から程遠いことだ。代わりに、彼女はそこに考えられるべき2つの要素があると求める；第1に、障害を持つ見者は、舞台での彼ら自身の生きた体験の描写を見る権利を持つことであり；第2に、「他のモードで観ること」を用意できるかに多大な関心が払われるべきというものだ(163)。ハドレイが意味するのは、人々が世界を認知し、世界と関わるかに、いかに障害が影響を及ぼすかを考えることである。「障害者演劇のコンテキストにおいて」、ハドレイが書くのは、「これら疎外し、機械的で単一の観るというモードを取り除こうというはっきりとした動きがあり、より質を、触覚を伴った多重な観る

というモードのモデルに向かっている」ということだ(167)。

　児童青少年のための演劇のコンテキストでは、同様の必要性があり、また演劇にとって革新的でエキサイティングな形態に発展させる、同様の可能性がある。実際、これは、トニー・グラハムが障害をもった児童青少年のための先鋒と認め、世界的に顕著なまでの影響を及ぼす、劇団オイリー・カート [Oily Cart] の実践にまさに当てはまる。「不可能な観客」と題された文章で、オイリー・カートの芸術監督ティム・ウェブ [Tim Webb] は、次のように書く。

　　舞台上で何が起きているかを、見れない、聴けない人々のために、どのように演劇を作るのか？　新しい人や場所と出会うことに、とても不安になる人々のために、どのようなショーを上演するのか？　これが物語であり、俳優たちが他の人々のふりをしているのを理解できない人々のために、どのようなパフォーマンスを作るのか？(2012:93)

　大切な問いであり、結果として生まれる作品は、これらの問題を解決する創造的な挑戦ゆえに、最も興味深く、革新的なものになる。この領域での他の興味深い作品は、実践ではなく研究の方向性から生まれてきたが、ケント大学のニコラ・シャウネッシー [Nicola Shaughnessy] が率いる、「自閉症を想像する」プロジェクトがある。「自閉症を想像する」は、イマーシブ・シアター [immersive theatre] [1] の環境において、幼い自閉症の参加者の言語、社会性、共感、想像力を高めるという野心をもち、より干渉主義的な起点をもつ。しかし、人形、照明、音響、マルチメディアを使った視覚的、感覚的環境の可能性の洞察の発展において、パフォーマンス実践の模範的な作品でもある(www.imagingautism.org 参照のこと)。

　そして益々知られるようになった現象が、この10年の「リラックス・パフォーマンス [relaxed performance] [2] の出現である。時には、「自閉症フレンドリー・パフォーマンス」と表現されることもあるが、リラックス・パフォーマンスは、感覚的な強度のレベル、スタッフの付加的なトレーニング、一般の観客とのコ

1　**イマーシブ・シアター**：ポスト9.11の新しい演劇として広がりを見せる、演劇の約束事を破って、劇場ではない場所などで上演される体感する／参加する演劇。
2　**リラックス・パフォーマンス**：とりわけ知的障害や重度重複障害者とその家族の必要性に応じて、照明や音響の刺激を弱めたり、客席のアレンジを変えるなどによって、通常の公演を提供するもの。

ミュニケーションを変えることを含み、ときに生じるパフォーマンスへの物理的かつ音声的な反応の多様性が受容されるだけでなく、むしろ歓迎される。ベン・フレッチャー・ワトソンは、リラックス・パフォーマンスについて「安全で決めつけない雰囲気を作る」ことを求めると書き(2015：65)、これにより「他のモードで観ること」を促進するハドレイの求めるものへ向けて本格的な着手が始まっているのである。

　同時に指摘する必要があるのは、これらの実践や研究の事例は、もちろん、例外であり続けていることである。より求められているのは、幼い観客の内にある多様性の認識であり、また、舞台それ自体が多様性を表象することである。ノエル・ジョーダンは次のように書く。

　　演劇セクターは、我々の世界の多様性を、我々の舞台の上で、最も幅広くインクルーシブなあり方で抱合し、描く必要がある。あまりに長きにわたって「他者」──異なる人種、性趣向、身体的、知覚障害をもつ人々──の場所は、我々の舞台は表象してこなかった。このことはインターセックスやトランス・コミュニティのそれは言うまでもなく、男性の役が、女性の役を、しばしば上回っているという事実さえもある。我々の観客を構成する児童青少年のための、ポジティブで真に省察的な社会のロール・モデルの提供が、これからのセクターのための主たる焦点であり、牽引力とならなければならない。TYAセクターは、この領域のリーダーになるべきだが、とりわけ西洋演劇において事例を見いだすのは難しい。(個人的なコミュニケーション：2016年10月)

　多様性の舞台化にまつわる問いの主たる焦点が実践にあるべきであるように、研究者にとっても重要な問いがある。ここでの顕著な事例は、カリアン・シュイテマのインターカルチュラル・パフォーマンスの研究である(2012)。加えて、児童青少年の観客のための演劇においての、ジェンダーと性趣向への関心の高まりがある。児童青少年のための演劇の中では、通常、同性愛は既存の言説に収斂しがちな性質をもつ、と描くマノン・ファン・デ・ワーターの仕事を含む。同性愛がいかに「大きな不幸として扱われ、寛容性を授業で教えるために慎重に劇の中に詰め込まれるか」を述べたものである(2012:82)。このような表現は善意だろうが、それがゲットー化をもたらす。そこでは性趣向は血祭りやいじめ

に関連してのみ論じられる。児童青少年のための演劇のよりラディカルな可能性は、私たちがいかにジェンダーと性趣向を考えるかについての考察を舞台に乗せる力なのである。この可能性については、リンゼイ・アマー [Lindsay Amer]が、新たな同性愛 [queer] の常態を構築し始めるべく、2つの演劇パフォーマンス、劇団キャサリン・ウィール [Catherine Wheel] の『ホワイト [White]』とエミリー・フリーマン [Emily Freeman] の『そして、それからタンゴ [And Then Came Tango]』の分析を通して提示した。次のようにまとめる。

> 同性愛の物語が語られ、異性愛の物語が扱われる常態と同様のレベルで扱われ始めると、それから同性愛の奇妙さ [queerness] それ自体が、まだ今日扱われているような刺激的で不適切な災難として、より真に日々のありふれた生活の方法として認知されるようになるだろう。(2016:25)

　また、ここで触れる価値があるのは、イマジネイトのリサーチ・アーティストのエイリー・マックアスキル [Eilidh MacAskill] による「ジェンダーザウルス・レックス [Gendersaurus Rex]」プロジェクトである。子どものための生のパフォーマンスと、ジェンダー、性趣向、差異のテーマのあいだの交差の可能性への投資に突き動かされたものだ。観客の応答に焦点をあてる研究者として、私はそのようなパフォーマンスが観客に与える影響と効果の調査をやりたいと考えている。ただ幼い観客だけでなく、ジェンダーと性趣向に関連して、決めつけられた子どもの「無垢さ」を守る役割をもつと自ら位置づける、学校や両親のような、その門番をも含む観客だからだ。障害、多様性、性趣向とのような領域は、質の高い研究を最も貴重とする。児童青少年のための演劇は、ここにおいて、生活と認識の変化に影響を与える最も即時的な可能性を持つ。

パフォーマンスだけじゃない：関わりを高める

　最後に論じたいテーマは、2010年の『The Young Audience』の出版時にも予測されていたが、おそらくさらに加速されていく継続的な進展である。むしろ独立したものとして、またそれ自体として、パフォーマンスが考えられるのではなく、生態学的な全体として、演劇との児童青少年の関与に対する関心の高まりである。私が意味するのは、演劇の体験を、後ろに前に、いかに広げ

るかである。以前の体験、期待、そしてイベントのフレーム化を抱合し、ショーの後のディスカッション、記憶、そして応答である。

『The Young Audience』の明白なテーマの１つは、特に、促しの構造とお絵描きや会話といった活動を通して、観客の演劇的体験を高め、広げる方法の探求だった。以後、私は論文『長く残る体験：児童青少年劇の関与を高める［The Longer Experience: Theatre for Young Audiences and Enhancing Engagement］』(Reason 2013)でこれを探求した。私の研究が実践に最も直截的な影響をもたらしたと信じるのは、まさにこの領域である。

2010年、本書の出版と同じ年、イマジネイトは２つの貴重な文献を生みだした：出版物『舞台芸術を評価する：一歩一歩の指導ガイド［Evaluating the Performing Arts: A Step by Step Teaching Guide］』と、インタラクティブなオンライン上の資料『舞台芸術を評価する』である。どちらの資料も、省察的で批判的な力を与えられた形でパフォーマンスに応答するように、児童青少年を促すことに焦点を置く。両者は全ての公演に応用でき、パフォーマンスの内容やカリキュラムに関連した情報の摘出には焦点を置いていないが、パフォーマンスそれ自体に関わることに焦点を置くオープンな資源である。当時、イマジネイトのディベロップメント・ディレクターのアリス・マックグラース［Alice McGrath］は、出版の際の序文で、次のように、その目的を描く。

> （目的は）様々な手段により、自分の意見を、自信をもって表現できるようにするために、ディスカッションと論争を促進し、パフォーマンスの背景にある創造的プロセスを探り、教師と子どもを力づけることです。私たちが望む最も重要なことは、パフォーマンスとの関わりを広げることを通して、教師の、そして子どもたちの想像力がひらめき、新しい可能性を探るべく開かれていると彼らが感じることです。(2010:4)

以来、この領域でのさらなる活動は、シアターセントラムとのコラボレーションにおいて行われてきた。そこで私は「演劇を語る」という表題のもと、ブックレット・シリーズを作った。ブックレットは、オープンな問いや、遊び心に溢れた指示を通して生のパフォーマンスについての児童青少年の公演後の会話を促すことを意図している。各々のブックレットは、異なる会話を生みだす異なる一連の問いを持つ；包括的な会話、語りの会話、パフォーマーの会話、舞

台美術の会話、音響＆音楽の会話、そして実験的会話である。

　他の研究者・実践家らも、同様の方向で活動を続けている。１つの事例としては、デンマークのアルハス大学のルィーズ・エゴッド・ハンセン [Louise Ejgod Hansen] が、ランダース地域劇場の副代表のティーン・エイバイ [Tine Eibye] ならびにシアターセントラムのパーニール・ウェレント・ショーレンセン [Pernille Welent Sørensen] と取り組んだ『演劇体験 [Theatre Experience]』がある。喚起についての説明では、プロジェクトは「芸術に関連することが、それ自体上手くいくのではなく、事後のプロセスにおいて芸術的体験と取り組み、『厚くする』機会」を与える。この最後のフレーズ──芸術に関連することが、それ自体で上手くいくのではなく──は、必然的に、観客に対する作品と、作品に対する観客からの注目、感情、投資のお返しのあいだを行き来する、いかに演劇を見るのかの私の議論と呼応する。この投資は、様々なレベルを伴う。辛辣でありうるし、感情を伴い、知的に分離されることもありうる。しかし、作品に投資する観客なしには、観る者の体験の価値は必然的に減じてしまう。

　シアターセントラムの芸術監督ヘンリク・コーラーは、かつてデンマークのコンテキストにおいて、パフォーマンス「それ自体で成立」させるのが慣例だった一方で、「プロセスの前、途中と後に、演劇体験を開くメソード」を見いだす必要性の認識が高まっていると描く（個人的なコメント、2016年11月）。パフォーマンスのプロセスの前は、パフォーマンスの「所有」の感覚を確立するための、彼が「フック」と名付けるものを含む。この事例は、2010年に始まるデンマーク文化クルー・プログラムである。そこで学生たちは、自分たちの学校やコミュニティで演劇のパフォーマンスのオーガナイザーとホストとして活動する。若干の事例として、文化クルーはパフォーマンスとコンサートを選ぶ活動も行う。それによって、この投資の感覚をさらに高めるのである。

児童青少年演劇は前進する

　児童青少年の観客に対して提示されるパフォーマンスと演劇実践の幅は、多彩なエキサイティングな方法で発展を続けているが、また省察と研究を求めるさらなる問いを掲げる方法においてもそうだ。例えば、観客に感覚を持って関与するイマーシブ・パフォーマンスの他に、コーラーが見いだすのはサイト・スペシフィック [site-specific] 3 なパフォーマンスの数の増加である。コーラーと

グラハムの 2 人が書くのは、プロフェッショナルのパフォーマーたちと並んで、児童青少年が舞台に立つことが顕著になっていることだ。また、グラハムが強調するのは、年長の子どもたちのための質の高い作品の欠如が続いていることである。おそらくはカリキュラムのひき続く狭小化の結果、「多くの作品がより幼い子どもたちに生みだされ、とりわけ年長の子どもたち、10 代の青少年をターゲットとした作品が欠如している」と書く。ヴァン・デ・ワーターはこれを確認し、10 代後半の観客は「忘れられた年齢層」と記載している。ジョーダンが綴るのは、パフォーマンスにおけるテクノロジーとの実験が続いていることだ。ジョーダンは、テクノロジー自体が注目され、観客の一員として関与する体験が取り残されてしまう」と潜在的な限界を警告する一方で、その可能性を讃える。「演劇人として我々は、ライブとデジタルの体験のあいだを交差する真にエキサイティングな瞬間を見いだし、分かちあうという我々の権利において、ツールを活用するために務めるによってのみ可能になる」。トニー・リーキーは同様に、彼が「より小規模、より個人的で、近い距離で視覚的かつ感情的な関与に依存するもの」と表現するものへの継続的な進展に対し、興奮とともに、慎重であるべきとも述べる。リーキーが観察するのは、大規模な観客のために展開する作品を犠牲にしてきたことである。

> 学校の環境に入っていくために特別に作られた作品は、これまで私が見てきたものより、華奢なのです。思うのは、新しいバランスが見いだせる領域だということです。私たちの芸術との相互作用が変化し続けると、子どものために働く芸術家は、相互作用する新しい方法を見いださなければなりません。子どもの言葉で、子どものもとで出会わなきゃならない。子ども自身の特別な文化的空間よりももっと良い場、幅広いコミュニティのもの：それが学校なのです（個人的なコメント：2016 年 11 月）

　将来の専門性の発展を考えると、大きくエキサイティングな可能性と、幅広い問いもまた横たわる。作品の参加者となることが、児童青少年にとって何を意味するのか、それに伴う解放と暗黙の強制の対になる可能性を考える必要がある。イマーシブ・シアターの観客の体験を研究する必要がある。障害を持つ

3　サイト・スペシフィック：劇場を離れ、特定のコンテキストを持つ場所にちなんだパフォーマンスの上演のこと。

観客によって投げかけられる問いを、障害をもつパフォーマーを見る観客の体験を真剣に取り上げる必要がある。舞台上に現れる表象の本質に入っていく研究の遂行が必要なのである。幼い観客が、いかに多様性が構築し、認知するのか。私たちには生の現前とデジタル、とりわけデジタル世代にとっての関係を考える必要がある。教育のもつ道具主義の名のもとで完全に切り離される前に、審美的体験と教育的体験のあいだの新しい関係性を構築するために、研究を利用する必要がある。いかに演劇が思春期にある観客にとって適切で関心事であり続けるかを探索する必要がある。

　私自身の過去数年のうちで最も記憶に残る演劇体験は、2015年のイマジネイト・フェスティバルでのキャロライン・ホートン [Caroline Horton] 作の『メス [Mess]』である。『メス』は拒食症を扱う、深く感動するコメディで、歌とジョーク、そして女っぽい仕草の音楽家も出演していた。パフォーマンスとして、思春期の観客を対象とした、普通ではないものの力強い作品であり、深く大切なあり方でメンタルヘルスについてを舞台化した。『メス』は劇場という、特定であり一般的な場所、しかも注目に値する特徴をも持っている。大きな集団の観客として、私たちがともに体験するということである。エディンバラで大人と児童青少年の混ざった観客の中で、私は観劇し、前の列の10代の少女の言葉をメモしたのを覚えている。彼らに直截的に届けられたパフォーマンスの主題との、彼らの公的でありながら私的な関与の性質と、ドラマツルギーが共感と洞察の両方を促進するために現前とユーモアを活用した方法に、興味をそそられたのだ。この全てが演劇に特有のもので、さらなる研究と調査の価値があると感じられた。ここで私が言うべきことは、さらなる研究の必要性であり、本書が演劇と生のパフォーマンスについての児童青少年の観客の体験を探求の手始めに過ぎないことである。

文献

Amer, L., 2016. 'Towards a Queer Theatre for very Young Audiences in Scotland and the United States'. *Scottish Journal of Performance*, 3(1): pp.9–28.

Fletcher-Watson, B., 2015. 'Relaxed Performance: Audiences with Autism in Mainstream Theatre'. *Scottish Journal of Performance*, 2(2): pp.61–

89.

Hadley, B. 2015. 'Participation, Politics and Provocations: People with Disabilities as Non-Conciliatory Audiences'. *Participations*, 12 (1). 154-74.

Johanson, K. and Glow H. 2015. 'A Virtuous Circle: The Positive Evaluation Phenomenon in Arts Audience Research'. Participations, 12 (1). 254-70

McGrath, A. 2010. 'Introduction', *Evaluating the Performing Arts: a step by step teaching guide*, Edinburgh, Imaginate.

Reason, M. 2013. 'The Longer Experience: Theatre for Young Audiences and Enhancing Engagement', in Radbourne J, Glow, H and Johanson, K Eds *The Audience Experience: A Critical Analysis of Audiences in the Performing Arts*. Intellect: Bristol. pp 95-111.

Schuitema, K. 2012. 'Intercultural Performance for Young Audiences in the UK: Engaging with the Child in a Globalised Society'. In Maguire T and Schuitema K Eds, *Theatre for Young Audiences: A Critical Handbook*. IOE Press: London. pp. 69-79.

Webb, T. 2012. 'Impossible Audiences: The Oily Cart's Theatre of Infants, People with Complex Disabilities and other Young Audiences who are Primarily Non-Verbal'. In Maguire T and Schuitema K Eds, *Theatre for Young Audiences: A Critical Handbook*. IOE Press: London. pp. 93-103.

van de Water, M. 2012. *Theatre, Youth and Culture: A Critical and Historical Exploration*. Palgrave: Basingstoke.

序章

　子どもたちのための演劇——幼い観客のために、特別に執筆され、演出され、上演される演劇は、英国においては活況を呈し、その重要性をましている。子どもに目的を特化した財政支援、確かな児童演劇の劇団が得てきた名声、そして、その関心が特に質の問題に対し払われるようになったことが証左となる。大人の演劇と比較して、かつてシンデレラ的存在に甘んじていたが、英国の児童演劇は、伝統をもつヨーロッパや合衆国と同様に、いまやある一定の尊敬と注目を獲得した。

　芸術形態としての児童演劇の地位の向上は、青少年にとっての芸術一般、とりわけ演劇の社会的かつ教育的便益に対する関心の広がりを伴ってきた。しかし、この領域を熟考する研究はほとんどない。幼い子ども（4〜11歳）のために作られた演劇公演はますます提供されるものの、演劇と子どもの観客としての体験の認知は、ほとんど検証されてこなかった。芸術と教育の関係についての研究はあっても、子どもの演劇としての、演劇との関わりについて扱ったものはほとんどない。児童青少年にとっての演劇の重要性を擁護する声のなかに、子ども自身の声と、認識そのものが欠落している。

　本書は、児童青少年にとっての生の演劇体験の性質を明らかにする独自の質についての観客調査を用い、その欠落したものを提示するものだ。本書が提供するのは、幅広いコンテキストと環境のもとで演劇と子どものために働く教師、アーティスト、研究者、学生、政策立案者、その他の職業人のためのリソースである。幼い子どもが生の演劇公演をいかに認知し、応答するかについての詳細にわたる分析的、方法論的に基づく洞察を提供することは、既存の文化政策や児童青少年演劇についての教育的理解をさらに高めることでもある。

「なぜ」と「何」をだけでなく、「いかに」もまた

　子どものための演劇を考える時、一般的な二つの問いがある：なぜ子どもは演劇を見るべきなのか？　さもなくば、子どもはどのような演劇を見るべきなのか？

「なぜ子どもは演劇を体験すべきか」の問いがもたらすのは、どこか致命的な考え方である。そこには「なぜ、そう思わないのか？」と強い言葉で返したくなる乱暴だが完全に理解しうる欲求がある。同様に、次のような反応もある。「理由はともあれ、大人は演劇を体験しなくてはならない」。的を射た多くの答えのように、ここに真実の要素が含まれている。子どものための演劇は、その存在のための特殊な正統性を、継続的に力説する必要が本当にあるのだろうか？

児童青少年演劇を届け、支援に関わる人々にとって、なぜという問いは、ほとんど徒労に帰す。エディンバラのイマジネイト［Imaginate］[1] の経営責任者（当時）トニー・リーキー［Tony Reekie］は、次のように提起する。

　　一般的には私は観るべきだと思います。私たちがそのことを当たり前と受けとれるのでしょうか？　子どもたちが幅広い意味で芸術文化にアクセスできているのなら、実際に良いことなのです。（2006年、個人インタビュー）

作家フィリップ・プルマン［Phillip Pullman］[2]は、彼のマニフェスト「演劇──真実のキーステージ」で、この認識を熱く擁護する。本書にはその抜書を掲載する。プルマンは「子どもたちは新鮮な空気の中で走り回る必要があるのと同じく、劇場に行く必要がある」と綴り、次のように続ける。

　　論じるまでもない。子どもは美術と音楽と文学を必要とする；子どもは美術館、博物館、劇場へ行く必要がある；子どもは楽器を演奏し、演じ、踊ることを学ぶ必要がある。子どもには欠くべからざるものなのだ。だから人権法の拡充がはかられねばならない。(Pullman, 2004)

なぜ子どもは演劇を見るべきなのか？　プルマンが示すように、そうしないと子どもの内面が死ぬからなのか？　リーキーの主張のように、子どもにとって良いものだからなのか？　ある意味、このような認識は、大人のための演劇

1　イマジネイト・フェスティバル：1989年に始まる児童青少年演劇フェスティバル。毎年5月末から6月上旬にエディンバラで開催されるとともに、スコットランド内を巡演させている。
2　フィリップ・プルマン（1946－）：英国の児童文学・ファンタジー作家。主な作品に『ライラの冒険』他。

とは違ったものになる。私たちはしばしば無意識のうちに自分たちにとって良いものを位置づけ、大衆文化やテレビのおそらくは価値の低いものやより有害な影響と比較する。彼らの主張は、明確な認識——価値、質、便益、幼年期——を内包し、さらなる思考を正当化する。

　全ての演劇が、シンプルに演劇であることで、子どもに良いものなのか？演劇は、本当に、子どもの普遍的権利として規定されるシェルターやいたわりと同様、1つの権利なのだろうか？　教育的な項目の外側で、**演劇として**、子どものための演劇を考えることはできるのか？　これらの問いは、その関係性において、権力を持ち、子どもにとって良いものを判断するのが大人であることにつながる。このような論争を決まりきったものとする誘惑にかられるものの、そこにまだ多くの言外の問いと価値判断が存在する。

　1961年、ケネス・グラハム [Kenneth Graham] は、子どもが演劇と関わる5つのポジティブな価値を概説した。多かれ少なかれ、今日の文化的言説でもいまだ支配的なものである。娯楽、心理的成長、教育的発露、審美的鑑賞力、未来の観客の開発である(Goldberg, 1974:14)。現代の言説において異なる括り方や表現になっても、この5要素は、子どもが演劇に関わる「良いこと」を提起し続けている。そこで、本書の前半章で発展させるのは、子どものための演劇の公演に影響を及ぼす教育的、政策的、芸術的コンテキストである。

　個々のコンテキストの中で、子どものための演劇は異なる存在となる：重なりあいつつも、性質の異なる基準により、形成され、定義され、支援され、評価されるからである。子どものための演劇と教育との関係を探求することで、第1章はこの議論を広げる。このコンテキストでは、教育が支配的なテーマであり、子どものための演劇公演のための主たる動機であり、同時に、何を作り、いかに認識させるかにおいて、窒息させ、制限してしまう可能性を持つ。第2章では、観客開発、文化的ハビトゥス、文化権の視点から、子どものための演劇をとりまく主たる言説を考えるべく議論を展開していく。このセッションの終わりの第3章は、その観客にもたらす影響という視点から、子どものための演劇における質を概念化する方法を考える。本文とは別に、読者はフィリップ・プルマン、トニー・グラハム [Tony Graham]、ペーター・マンシャー [Peter Manscher] のコメント、マニフェスト、考え方に出会うことになる。

　つまり、パート1では、本書の主要な課題に対し、不可欠な文脈化のための土台を提示する。なぜ子どもは演劇を体験すべきなのか、どのような演劇なの

かといった馴染みのある問いを超え、代わりに、いかに子どもたちが見て、理解し、演劇と関わり、そして覚えているのかを検証していく。

演劇体験を描く

演劇公演の後、子どもは何を覚えていて、何を話すのだろうか？　子どもは何に価値をおき、大切だと考え、また忘れるのか？　子どもは公演を見るという役割に、どのような演劇的能力と、解釈上の戦略を持ち込むのだろうか？子どもはいかに語りや登場人物を見分け、描くのか？　幼い子どもが演劇公演で認識する幻想と現実のレベルはいかなるものなのか？

2007年、私がイマジネイトとの協働で実施した「演劇体験を描く」と冠したプロジェクトを始めた時、いくつもの問いを抱えていた。プロジェクトの副題「いかに子どもは演劇を観るのか？」は、私たちの目的を正確に表現していたが、その単純さゆえに、かえって野心的だった。異なる子どもが、異なる公演を、非常に異なる方法で見ることから、文字通り、不可能な問いだったからである。これを肝に銘じて、私はこのプロジェクトのために、主たる手段として、参加型の美術ワークショップを用い、詳細にわたる質についての観客調査を行った。子どもが自分の経験で語るべきことを、直接、聞き出すのである。

この素材が、本書の中間部の大半を形成する。**パート２：演劇体験**は、子どもの演劇の体験を探る。体験と想像力との関係性、幼い子どもの演劇的能力、さらに、倫理的、比喩的なレベルでの演劇との関わりを考える章が並ぶ。これらの議論は、演劇を観るという、私的な行為を浮き彫りにし、熟考していく。また、子どもの演劇鑑賞についての本書は、リサ・バーナードの演劇を観る子どもたちの印象的な写真を掲載する。

演劇を観る子どもの体験の豊かで詳細な説明において、これらの章は、研究の民俗学的な伝統を伴い、生の演劇公演を子どもがいかに認知し、応答するかのユニークな証拠を提供する。パート２は、データ収集に用いられた手法を解体し、探求する。というのは、手法そのものが収集された素材と語られた物語の種類に、明らかに影響を及ぼすからであり、同時に、手法そのものが研究成果となったからだ。

関わりを広げる

　「演劇体験を描く」で実施したワークショップは、研究に有効であると同時に、参加した子どもにとって楽しく、報いあるものをめざした。子どもが描く絵、話す内容に関心をもつ大人のために絵を描くことが、子どもにとってせめて楽しいものであるようにした。全ての研究活動が観察対象の本質を変えることを意識する一方で、私が予期していなかったのは、この方法論的なアプローチが、子どもの演劇体験にポジティブに働いたことである。ワークショップで絵を描き、お話しをするプロセスが、子どもに自身の関わりを省察し、発展させ、深める機会を与えたことが明らかになったのである。

　パート3：関わりを広げるの各章は、この洞察を広げ、子どもの記憶にいかなるアフターライフ[3] をもたらし、いかにこのアフターライフが広げられ、そして、いかに子どもがイベントの後、その体験を積極的に遊ぶのかを探る。このセクションは、演劇に子どもが関わることは公演を前にただ座っている以上のものという理解に基づく。そこにあるのは体験の文脈化であり、観客に観るスキルを提供する。各章は、子どもの体験を深化させる導きを助け、芸術的関与の本質の哲学的議論を続けるための道具箱である。パート3は、とりわけ、子どもの芸術的・演劇的体験について幼い子どもと対話し、関わるアーティスト、研究者、学生、教師を対象としている。

　アーティスト、教師、研究者の位置づけは、本書の中では一体化させた。子ども等の演劇的体験の性質について、全ての人々が様々な知識を所有するのと同様、審美的な問いに携わるように思われるからだ。私が望むのは、本書が幅広いコンテキストと環境のもとで、演劇に働き、子どもと関わる全ての人々、そして他の人々に役に立つ資源を提供することである。また、私が望むのは、幼い観客の演劇体験に対し、再び、焦点を与える一助となることである。

3　**アフターライフ**：意識下で余韻を楽しむことのみならず、無意識下でも残りつづけ、ときに頭をもたげるもの。

part 1
コンテキストと問い

第1章
子どものための演劇と教育

　青少年と芸術との関係は、シンプルに楽しみの問題と認知されることは少ない。ほとんどつねに他の何かのためとされる。その何かは、しばしば子どもが体験から得る学習、教育、便益（あるいは害毒）である。しかし、幼い子どもの遊びと社会化の全ての要素は、公教育同様に、子どもの発達途上の世界との関わりの一部を形成している。マーティン・ブバー [Martin Buber] が述べるように、「全てのものが教育し」、全てのものが印象を作り体験に形を与えるのである(Bresler and Tompson, 2002:9)。

　ほとんどの子どもにとって、世界との豊かな遭遇を通しての学習の進展は、直観的に生まれ、故意にあるいは公然となされる必要はない。しかし、多くの大人は、この学習を明確なものにし、公式化された教育と訓練へ変えたいと願う。興味深いのは、多くの学者が、1920年代と30年代の児童演劇運動の進展と、20世紀初頭の幼年期そのものの概念の勃興との関係をたぐってきたことである。影響力のある文献『〈子供〉の誕生 [Centuries of Childhood]』において、フィリップ・アリエス [Philippe Aries] は、幼年期の「神話」のこの作為性をあげる。無邪気、傷つきやすさと、保護の必要性を含む中心的なモティーフと、人格形成と教育的な時期における養育に関するものだ。幼年期が人間としての私たちの発展のある特殊な段階として構築されたことで、教育と学習と関係し、教育と学習によって識別される１つの段階となった。これはまた特定の階級と労働の意味と関係してくる。例えば、アンドレア・グロンメイヤー [Andrea Groncmeyer] は、中産階級の勃興が「啓蒙的な児童演劇への関心をもたらした」としている(Schonmann, 2006:35)。

　子どものための演劇−児童演劇は、それゆえに、いつも視点の重なりあう中に存在してきた。美学同様に、教育の言説を、芸術と同様に、教育学の言説を呼び起こすのである。ここで児童演劇は、大人の演劇と異なり、啓蒙・教化す

る特性に価値がおかれる。しかし、主だって教育的と認識されることはほとんどない。もちろん、例外はあるが、大人の演劇の議論は、ほとんどいつも美学・芸術的で、演劇それ自体についてである。児童演劇の議論が直線的なことは珍しく、芸術と同様、教育のものになる。

この認識をもとに、本章は、児童演劇が、言説と教育の実践と関係し、その中に存在する様々なあり方を探り、現代的な関係性、実践、コンテキスト、問題の構図を提示する。

演劇と教育：シアター・イン・エデュケーション

境界線を定め、確固たる定義を確立することは、無味乾燥で苛立たしい試みである。しかし、児童演劇——幼い観客のためのプロの演劇公演と、シアター・イン・エデュケーション（TIE）の差異を論じる価値はある。どちらも子どものための演劇形態であり、どちらもしばしば教育システムの中に存在し、営まれる。にもかかわらず、演劇と教育の関係を考える議論に役に立つ重要な差異がある。

英国のTIEはかなり特出した演劇運動である[3]。1960年代にはじまり、教育の手法としての演劇の活用に関心を抱いた。TIEには多くの異なる経路と実践があるが、基本は、たいてい演劇上演を含み、ワークショップ、トーク、プレイバック、フォーラムシアターの活用といった、他の参加的要素を取り囲む諸活動のプログラムである。トニー・ジャクソン［Tony Jackson］は、この諸活動のプログラムが、「TIEを最も明白に他の青少年の演劇から区別する」としている。

> TIEプログラムは、今日はここにいても明日は去っていく「一過性」イベントとしての自己充足的な演劇の学校公演ではなく、調整され周到に構築された諸活動のパターンで、学校のカリキュラムや子ども自身の生活に適切なテーマにまつわる問題が、通常、カンパニーにより創作・リサーチされ、カンパニーにより学校で上演され、テーマが投げかける状況や問題の体験に、子どもが直接的に関わる。(1993:4)

---

3 TIE：1965年、イングランドのコベントリー市の公立劇場ベルグレード劇場で始まる。1958年に開場した英国初の公立劇場としての地域に対する責任の表れのひとつ。

TIE カンパニーの創設者クリス・ヴァイン [Chris Vine] は，TIE の「主たる動機は，明確な教育的目的にあり，その独特な形式は積極的な観客参加の活用である」と綴り，ジャクソンの表現に呼応する(1993:109)。それゆえ，TIE のコンセプトには，児童演劇から区別される2つの大きな要素が存在する。1つは，主たる動機と機能としての教育の位置づけである。対照的に，児童演劇は，明らかに，教育と学びのコンテキストのもとで行われるが，その主たる機能としては，それほど頻繁に提供されるわけではない。もう1つは，TIE の核であり，プロの公演の一過性の性質と対比されるのは，この参加のプロセス，あるいは諸活動のプログラムである。

　1993年の著書で，ジャクソンは，公的助成の諸圧力と結びつく英国の政治情勢の変化が，1980年代以来，参加型プログラムから，公演を見せるだけへの移行を促したと言及したが(1993：23)，この傾向は近年も多分に続いている。特筆すべきは，児童演劇のプロ劇団が，上演前の子どもの準備，上演後の議論や諸活動に導くために，教師たちを促す学習ガイドや資料を提供してきたことである。この2つの要素は，多分にTIE と児童演劇をますます近しいものにしてきた。1990年代，ロウウェル・スォーツェル [Lowell Swortzell] が「かつて TIE の独占的領域が，いまや児童青少年のプロ劇団によって，ますます，そして高度に，効果的に，侵害されている」と認識したときにはすでにはじまっていた(1993:241)。

　それゆえに，今日，とりわけTIE と児童演劇との確固たる差異を正確に描くのは，ますます困難になった。しかし，確固たる差異は，多くの TIE の道具的動機と，それぞれの形態が教育と結びつくことを求める特定の関係性に見いだせる。

　例えば，TIE は，しばしば，内容と，学問あるいはカリキュラムの「生きる力」の要素に直接的な関連を持たせようとしてきた。TIE プログラムは，典型的に，テーマ性 [subject focus] で特徴づけられる。「英国領インド帝国の最後の日々」，「チャーチスト運動」[4]，「1930年代の人種差別」等がそうだ。人文学と科学の学問領域と結びつけるために，TIE は演劇の力を活用する。実際に，科学的思考の原理や実践に近づく方法としての演劇の有効性は，幅広く認知され続けている(Bennett, 2005:23)。同様に，TIE が，演劇実践とプロセスを用いるのは，個人的，社会的かつ健康教育の領域の学習を支援するためでもある。さ

4　**チャーチスト運動**：1830－50年代の英国の選挙権獲得と社会変革のための社会運動。

第1章　子どものための演劇と教育

らに、新たな科目シティズンシップや環境学の領域において、問題意識を高めるべく企図された上演と諸活動により、共感を刺激し、自己省察と発展を奨励するのである。

この領域において、演劇は効果的であり、概念や情報と交流する楽しい方法だと見なされている。実際、英国における演劇の有効性は、小学校では独立した科目として恒常的には提供されていないが、全科目を横断する他のテーマの伝達を促すためによく用いられていることにある。

しかし、ほとんどその端緒から、このようなプログラムゆえに、TIE 内部の演劇と教育の関係性をめぐり、問題と混乱を伴ってきた。とりわけ、教育に携わることで、演劇の質が犠牲になるという批判がある。例えば、1974年に遡り、サラ・スペンサー［Sara Spencer］が合衆国の様相から認めている。「一般的に、私は（イングランドの TIE は）リッチで刺激的、現代的だけど、私にしてみれば、台本の質がプアであることが多く、装置は擦り切れ、衣装は汚い。TIE には多大な価値がある。私としては、私たちの子どもたちがこれを演劇だと思って育って欲しくない！」(Swortzell. 1993:240)。

トニー・ジャクソンは、このような批判が、まさに相容れない二分法として両者を位置づける「教育か、演劇か」を問い、台無しにしてしまいかねない論争につながると指摘する。この不満に答えるために、ジャクソンはベルトルト・ブレヒトを引用する。

> 「一般的に、学習と自分を楽しませることの間には、非常に明確な違いがあると感じる。前者は役に立つが、後者は楽しみだけ……そうだ、言えるのは、学習と自分を楽しませることの間の対比は、役割の区分にあるわけじゃない……演劇は演劇であり続ける。指導的なものであっても、優れた演劇である限り楽しめる」(Jackson, 1993: 34)

いかにもだが、子どものための演劇というコンテキストにおいて、私がまた共感するのは、演劇が確かに学習のパワフルな媒体であり、これが最良に機能するのは、最良な演劇な場合だという議論である。これが何を意味するかの特別な考察は、直接的に「質」の問いを扱う、第3章にとっておきたい。TIE と児童演劇についての論争のいくつかを詳細に検証することがここでは重要である。

29

芸術と学習成果

　TIE は、伝統的に、カリキュラムや社会的発展の領域に明白なつながりを作り、かなりの教育的方向性を持ってきた。つまり、TIE が学習を届ける効果的な伝達手段だと示している。同時に、TIE はまた、「子ども全体［the whole child］」の公教育ではないことで、その便益を明確にしてきた。このような主張がなされる推論的な枠組みはかなり強く、説得力を持つが、確固たる証拠が得られるわけではない。

　これは部分的には、芸術に関与することの直接的な便益を測り、量を定めることが、とりわけ、いかなる確固たる原因の求められても難しいからである。例えば、英国の国家教育研究財団 NFER が中学校での芸術教育の有効性を調査したが（比較しうる小学校の研究は存在していない）、幅広い警告的記述を見いだせる。芸術は、最もやる気のある子どものみが受講し、その親の関心や支援も青少年の芸術への関与に最も顕著な要素として残ることである(Harland et al, 2000)。

　しかし、この警告を心に留めて、芸術全般、そして、顕著ではないものの芸術の中の演劇は、全体的な非公式の教育的便益——創造性、コミュニケーション、人格発展、コミュニケーションのスキルの発展、そして、全体的な成果を高めるといったもの——をもたらす役割を果たすという議論が、この領域の研究により、次第に支援されるようになった。例えば、NFER は、芸術を学ぶ生徒に目立った成果があると主張する。

- ・楽しみ、興奮、実現の高められた感覚と、緊張のセラピー的解放
- ・特定の芸術形態に伴う知識とそれに伴うスキルの向上
- ・社会的・文化的問題の知識の向上
- ・創造性と考えるスキルの発展
- ・コミュニケーションと表現のスキルを豊かにする
- ・人格的、社会的発展を促進する
- ・他の科目を学習するといった、他のコンテキストへ移転する効果
- ・学校の外の作品の世界と文化的諸活動

　その要約の中で、著者らは上記ならびに、その他の便益を主張する生徒と教師たちの「鮮烈な証言」を用い、「芸術の提供を重視した成果の幅は、学習指導

要領に組まれたもの以上に幅広く、現在の創造性と文化的教育の焦点するものよりも広義である」と結論づけている(Harland et al, 2000:56)。同様に、ストラスクライド大学が実施した教育における表現芸術の研究文献レビューにおいて、著者らは「表現芸術」科目が学習者の発展にきわめて重大な機能を果たすことを示す、多数の幅広い研究の所見を記している(McNaughton et al. 2003:4)。

類似する結論は海外からも届いているが、最もはっきりと明確なものは、1999年に合衆国で発表された『変革のチャンピョン［Champions of Change］』報告書であり、学習への芸術の影響を探る多くの研究者の作業をまとめている。『変革のチャンピョン』の要約は、次のように記載する。

> 上手く教えられると、芸術は青少年に、精神、心、身体に関与する本物の学習体験をもたらす。その学習体験は青少年にとって豊かで意味の溢れるものとなる。

> 他の学習法における学習は、しばしば1つの才能のスキルの発展に焦点をあてるが、芸術はいつも複数のスキルと能力に関わる。芸術の関与は……認知的、社会的かつ個人の適性の発展を育てるのである。(Fiske, 1999:ix)

『変革のチャンピョン』報告書に集められた素材に、芸術参加あるいは鑑賞と、学習上の達成度との相関を研究するカテオール、シャポー、イワナガの統計的分析がある。この研究が示唆したのは、高度に芸術との関わりをもつ生徒たちは、芸術に疎遠な生徒たちより、つねに成績が優れていたことであり、その差は時とともに広がったということだ。それ自体、驚くべきではないが、研究が記すのは、芸術と疎遠になりうる可能性は、経済的に恵まれていない家族の生徒に倍増する一方で、芸術に恵まれる可能性は、経済的に豊かな過程の生徒に倍増することである(Catterall et al, 1997:7)。言い換えれば、子どもの芸術との関わりのレベルは、第2章でさらに検証されるテーマとしての両親のそれと合致する傾向があることである。

しかし、カテオール、シャポー、イワナガの研究は、特別に、芸術との関わりのレベルの高低が、社会経済的に低い背景を持つ子どもたちに影響をもたらしたかをも検証した。芸術に関わった子どもにとっての学術面の進展のポジティブなパターンは、社会経済的に低い背景を持つ子どもにも見られる(Catterall et at.

1997:2)。それゆえに、統計上、芸術との関わりと学術的成果とのあいだの相関を示す合理的ないくつもの根拠がある。研究者たちが記すように、この相関が、子どもにとっての不平等な芸術の、アクセスの不公正さの強調に寄与するのである。

同様に、『変革のチャンピョン』報告書のなかで、「芸術における／を通しての学習 [Learning in and through the arts]」と題された研究は、次のように描く。

> 研究者らは、芸術学習の中心的な能力である—創造性、流暢性、独創性、精巧性と、耐性の測定で、「高度の芸術関与」グループの青少年が、「低度の芸術関与」グループのそれよりも優れた成果を出した。

> 芸術に馴染みの深い子どもは、考えやアイデアを表現し、自分たちの想像力を行使し、学習においてリスクを負う能力においても、また優れていた。

この領域の研究の多くは、中学校レベルの子どもの芸術体験を検証する。しかし、同様の論争が小学校のコンテキストでも正当化できると信じる根拠は存在していない。少なくとも小学校では、公式ならびに非公式の教育のあいだの境界が明瞭でなく、芸術とアクティブ・ラーニング[5]のテクニックがその存在以上になる。近年のこの領域の研究のなかの1つは、NFERが2003年に実施したイングランドの小学校における芸術の役割と価値についての調査である。学校での芸術教育の目的に関する校長と教員の認識について、NFERの主な所見は次のようなものだ。

> 芸術を教える最も推奨される目的は、創造的ならびに思考力の発展であり、コミュニケーションと表現のスキルの発展だった。これらは芸術の学習に特別に伴う目的だった。……校長たちは芸術が動機、振舞い、出席率ならびに自己肯定に貢献をもたらすと証言し、多くの校長たちが学校の水準を向上するための中心的なものとして芸術を見ていた。(Downing et al, 2003:19)

小学校教育において芸術を擁護する校長や教師は、「子ども全体」を育てる芸

---

5 **アクティブ・ラーニング**：知識注入型の受け身の教育ではなく、学習者が能動的に取り組む学習法の総称。体験学習やグループディスカッション、問題解決学習など多岐にわたる。

術の重要性として描かれるもの対し、特に力がはいる。限界を広げ、求められるものに挑戦し、新しい経験をもたらし、生きるスキルと自信を発展させるという概念である。ある校長が、芸術が子どもに可能にするものを述べる。

> 異なる世界観を得る。おそらく、とても狭いものから、とても広いものへ変わる。子どもはかつて見たこともないような、審美的な質と出会う。世界観の広がりは、子どもにより高い期待感とより高い自信をもたらす。
> (Downing et al, 2003:15)

　実際、小学校での芸術教育擁護の強固さは、『スコットランドの学校に芸術を届ける［Delivering the Arts in Scottish Schools］』調査により断定され、「学校は芸術のための砦になる——教師らは両親や国全体としてよりも芸術に価値を置いていると見なした」と示した(Wilson et al,2005:5 and 59)。言い換えれば、子どもの教育に芸術が果たす便益は、研究によりゆっくり確認されつつあるが、教師、または演劇実践家といった子どもと活動する人々によって、直観的に説得力をもって幅広く主張されてきたのである。

　同様の認識は、演劇産業の内部からも明瞭に表現されている。例えば、アイルランドの政策立案者マーティン・ドゥルリー［Martin Drury］は「もし子どもが貧しい、あるいは限られた芸術体験しか得られなかったら、その逆の場合よりも貧しく、より限られたものになる」(2006:151)。芸術の内部では、この考え方が文化政策の論争の強力で推論的なツールとして用いられる。この言説を通して、芸術は青少年の想像的で創造的な能力に関わる子どもの能力に関して、特に、力強い位置づけを主張してきた。演劇と芸術こそが創造性を中心に置いた教育的アプローチを可能にする重要な役割を持つという主張であり、それゆえに、公式・非公式の分野を横断して、子どもの学習能力を高めるというのである。

芸術における学習

　上記の様々な報告書や研究が強調する考え方は、**芸術を通しての**、学習の可能性に集約される。ツールとして芸術を用いることで高められ、届けられる学習は、芸術として子どもが芸術に関わる要望よりも、学習を支援するその道具的な効果のために利用される。実際に、特定の芸術形態のスキルや知識を含む、

芸術における学習として描写されるものには、ほとんど関心は払われない。学習は、その形態そのものの外側にある何かに直接に向けられていないものの、個々人の芸術的体験の性質に関連するものになる。

　NFER実施の調査で、校長と教師らは、学校で芸術を教えるためのあらかじめ設定された「目的」のリストに答えることが求められた。その回答において、教師らが学校で芸術を提供した3番目の頻度に位置づけた目的は、「創造性と考えるスキル」と「コミュニケーションと表現スキル」と遠く離れず、「楽しみ」だった。このことはNFERの分析では控え目に表現されているが——要約には触れられていない——確かに重要である。NFERの楽しみの軽視は、おそらく、芸術の**体験**としての演劇よりも、演劇の教育的、社会的利用に幅広く焦点を当てたことを示している。

　楽しみの強調は、小学校での教育と演劇のあり方は、芸術形態自体の探求に絞るべきと示唆するものだろう。演劇を観る見返りは、言い換えれば、体験からひきだされる何かよりも、観るという行為に位置づけられる。このような芸術学習は、児童演劇のプロ劇団の教育普及担当により強調されてきたものであり、TIEと直接的なカリキュラムに焦点を置いた活動から距離をおいた結果と考えられる。例えば、ロンドンの児童青少年専用劇場ユニコーン劇場の教育普及と共に活動するセシリー・オニール [Cecily O'Neil] [6] は、次のように書く。

> 演劇がどのように作られるのかを理解できるよう子どもを助けるのと同時に、プログラムは芸術家との直接的な関わり、演劇の抜本的なプロセスの一部への参加と実践、劇的な体験の解釈と表象の方法の探求を促すことを狙いとしています。(2005:11)

　NFERの他の報告書『芸術のための場所を守る [Saving a Place for the Arts]』が示したのは、演劇が、とりわけ音楽や美術との比較において、演劇それ自体として授業で教えられる頻度の少ない芸術科目であることである。また、教員養成課程に含まれることの少ない、専門職継続開発訓練で最も無視される芸術科目でもある。同時に、科目を横断しての指導に最も広く活用される科目であり、課外活動として最も幅広く提供される科目でもある。NFERはまた、学

6　**セシリー・オニール**：現在の英国を代表する芸術教育ならびに「プロセス・ドラマ」の理論家・実践家。

校が他のいかなるプロの芸術団体よりも、プロ劇団の多用を記している(Downing et al, 2003:27-49)。

　これらのかなり矛盾する指標からの推定は、推論的にしかならない。しかし、演劇が政策レベルでは、とりわけ音楽との比較において、教師に高い専門性を求めない科目であり、広く多様な応用とアピールをもつことを示している。これを外部専門家への多額の投資と組み合わされると興味深い。これが示すのは、地域ならびに学校レベルで認識される専門性に対する大きなニーズである。

　これに関連するのは、芸術教育を上手に指導しうる教師がいる一方で、全員がそうではなく、教師の演劇の専門的スキルとノウハウの低い水準を意味するという懸念である。芸術を学校に届けるための調査の主たる発見の1つは、多くの教師たちが「1つ以上の表現芸術の指導に自信を欠いていた」ことだ(Wilson et al, 2005:4)。知識、自信、関心は、芸術科目を指導する際に不可欠なものである。このクオリティの欠如は、子どもの公演での体験を豊かなものにするための文脈化と、フォローアップ活動を行う教師の能力を抑制してしまう。トニー・リーキーが述べるように、「抜本的に思うのです。教師たちが芸術に居心地が悪いという状況がある。教師がする仕事じゃない。教員養成の問題じゃない。教師に何かをやってもらい何かを解釈してもらおうと期待することは、だから難しいのです」(2006年、個人インタビュー)。

　多くの教師が専門的な養成や個人的経験をもってしても、芸術に完全に自信を持ちうるものではないという認識が、リーキー率いるイマジネイトの目的を、教師たちと協働し、学校や教育セクターとの学習のパートナーシップを発展させ、スキルを高め、認識を広げるものへと仕向けてきた。イマジネイト・フェスティバル期間中の子どものための演劇をプログラムする傍らで、教師の芸術の理解と体験を広げるために企画された、質の高い教師のための職業訓練への投資は、いまやイマジネイトの活動の主たる領域の1つになった。外部の専門家を活用する以上に、教師らを訓練し、育てることは、研究者らにより強く奨励されている。研究者らが全ての教師のニーズとして強調するのは、小学校での全てのカリキュラムを指導できるようになることである(Wilson et al, 2006:57)。研究が主張する自信を兼ね備えた芸術教師の重要性は、学校における芸術教育の効果性について、全体的な学校の要素と比較して、教師がおそらく最も重要であるという要素を力説している(Harland et al, 2000: 569)。

　本章は、子どもの芸術との関わりを取りまく支援の構造が、しばしば芸術形

態の経験それ自体として重要なことを示してきた。このコンテキストにおいて、教師の経験と自信のレベルは、演劇教育を成功裡に届けるカギとなっている——この領域において教師の助けとなる実際的な示唆は、本書のパート3で描かれる。

教育としての演劇

　児童青少年演劇で認知されている教育的、発展的な便益についての本章での探求が、これらの便益を証明し、測るためのものではない。代わりに、本章の主たる関心は、子どもの演劇の提供と現在のコンテキストに枠組みを与える、政策の言説と論争を表すことである。本書で後に提示される経験主義的研究データの探求とは相反するものである。

　政策の言説での特殊な論争と主張は、微妙な差異を持つ一方で、ある時点で、そのような複雑さから、芸術の固有の価値についての、より根深く文化的に抱かれてきた認識への、ほとんど必然的なまでの転換がある。大雑把に言えば、これは芸術——演劇、音楽、絵画その他——が子どもの発達において、その直接的な道具的機能を超えて、また経験的に示されたものを超えて、価値があることである。これこそが芸術に関わることが「良いこと」と認識されるものであり、確固として測定しうる証拠なぞ必要としないとされるものである。

　「良いこと」として描写される芸術との関わりは、教育的な便益のみならず、同様に、倫理的かつ健康的な贈与の便益としても投資されていると思われる。日々の祈りや、一日一個のリンゴと同じように、グッド・フォー・ユーが、グッド・フォー・ユーなのだ。このような認識が、階級や躾に、証拠や機会と同程度に依存する危険性がここにある。また、演劇は子どもにもたらす良いものを議論することにおいて、私たちは子どものための演劇がそれ自体、良いか、良くないかを議論し損なう危険も伴う。この審美的な認知、芸術として楽しみのために演劇と関わることは、演劇が与えうる、他のすべてのことを考慮する際にしばしば無視される——真の危険性は、それ自体が良いものではなしに、演劇が良いものに決してなりえないにもかかわらず。

　教育と道具主義の言説のもとで、児童演劇がここにはめ込まれると、イスラエルの研究者シフラ・ショシマン［Shifra Schonmann］が「児童演劇の教訓的利用の専制」と愚痴るものとなり、次のように宣言する。

第1章　子どものための演劇と教育

教育的努力としてその正当性を定義するためにもがくのはやめるべきだ。
その芸術形態とそれ自体の審美的メリットに集中したほうがまし。(2006: 10)

　色々な意味で称賛にたるマニフェストであり、それ以上に、児童演劇産業の
大半に呼応するものだろう。だが、児童演劇は、教育と演劇の重複する領域の
中に存在する。ほとんど全ての子どもの活動は、正しくも正しくなくも、少な
くとも教育というプリズムを通して考慮される傾向があるからだけではない。
ションマンの宣言は、審美的メリットについての、そして、児童演劇をもって、
教育と芸術が完全に区分できるか否かの問いを提起する。
　しかし、演劇の学校ならびに教育との結びつきが、子どもの心に、とりわけ、
成長するにつれ、ネガティブな思い出を残す可能性を見いだすのは難くない。も
し演劇が教育的なアジェンダに強く包摂されてしまうと、体験の他の要素を軽
減させてしまう。このような活動は、偽りの体験になり、誰にとっても完全に
満足できるものではなくなる。例えば、ジョン・トゥロック [John Tulloch] は、
中学校・高校の観客についての彼の研究から、「生徒たちは劇の正式な上演を、
いわゆるＡレベル7の読解から切り離すことはほとんどない」という結論を導き
だす(2009: 98)。しかも、「若い世代にとって、必然的に「公式のカリキュラム」
に関係しない方法で、演劇を語ることはかなり不可能」なのである(2000:104)。
ジーン・クレイン [Jeanne Klein] は、合衆国のコンテキストにおいて「主に
校外学習を目的とした、包括的でなく抽象的な媒体として演劇を理解する観客
の世代を私たちが生みだしている」という可能性を深刻に考える必要があると
示唆し、同じことを指摘する。ケン・ロビンソン [Ken Robinson]8は、創造的
かつ文化的教育についての『全て私たちの未来 [All Our Futures]』報告書（通
称ロビンソン報告書）に記している。

7　Ａレベル：いわゆる試験による大学受験の存在しない英国の大学入学資格。義務教育終了後、
　シックスフォームと呼ばれるカレッジ等で、通常2年間で取得する。1年目（ＡＳレベル）で4
　科目、2年目で3科目を受講することが多い。演劇も科目の1つとして受講できる。
8　サー・ケン・ロビンソン（1950 －）：1970年代から英国の芸術教育の研究者として、教育政
　策にも深く関わる。とりわけ、ブレア政権下の創造性教育の進展はロビンソンの成果であり、彼
　の名前を世界的に知らしめたが、英国政府に幻滅し、合衆国へ転出した。近年は、TEDのレク
　チャーでも知られる。

37

教育という用語は役に立たないときがある。称賛に値する美徳や市民の義務の意味を届け、興奮に突き動かされる芸術家にとって奇妙に感じられる。もし教育という用語が熱のない関与を表すなら、削除されるべきである。(2001: 132)

興味深いことに、直接的な教育的なツールとしてのTIEから離れ、より本質的に芸術形態としての児童演劇への移行は、このコンテキストにおいて潜在的にラディカルなものになる。児童演劇は、いくつかの点で、それがなしうる良きものに対し、より両義的になる。というのは、逆説的に、突然、より野心的なものになるからだ。なさねばならない主張が、特定のカリキュラムの領域を高めるという、ささやかながらも特定の主張はできなくなるが、児童演劇は魂を豊かにすると、堂々たる主張を行う。合衆国のユース・シアターの演出家ピーター・ブロシウス [Peter Brosius] のコメントは、おそらく典型的なものだ。

我々の観客を助けるために、我々は演劇を作る。世界は知ることのできる順応性のあるもので、批判的思考を求める。我々は演劇を作る。それにより青少年は、その想像力に途方もない力があるのを理解するだろう。もし青少年がその力を抱いたら、世界を変えられる(2001: 75)。

演出家モーゼズ・ゴードバーグ [Moses Gordberg] にとって、児童演劇は「よりよき人間になることを助ける」ものであり(1974: 3)、一方、プルマンにとっては、「心に食物を与え、魂を寛容させ、精神を大きく育てる」ものである(2004)。
　奇異なことに、このことが児童演劇を大人の演劇に近づける。全ての演劇と芸術に近づくことが意味するのは、結果、審美的な質がより直接的な関心になることである。
　証拠は、他のいかなる芸術分野以上に、学校と校長は外部の専門家や職業劇団を利用することで、いま、この可能性に気づいていることだ。証拠がまた示すのは、学校の教師らもまた、演劇をそれ自体を扱うには十分な用意がないと感じていることだ――芸術としての演劇を直接扱うには、芸術形態の教育と自信が欠如している。これこそが取り組まれなくてはならないことだろう。

演劇―真のキーステージ
フィリップ・プルマン

　きれいな空気のもとで走り回る必要なのと同じくらい、子どもは劇場に行く必要がある。食事や飲み物が必要なのと同じくらい、子どもは本物の音楽家が本物の楽器で演奏する本物の音楽を聴く必要がある。愛され、守られるのが必要なのと同じくらい、ちゃんとした物語を読み、聞く必要がある。

　このことを大人に説得する難しさは、子どもからシェルターや優しさ、食事や飲み物、運動を奪ったら、子どもは目に見えて死ぬが、美術や音楽、物語や演劇を奪っても、子どもはその内側で死ぬものの、そのことが見えないことにある。

　だから、これら良き不可欠なものを提供する責任を担うべき大人たち――教師、政治家、両親――は、いつも手遅れになるまで気づかないか、美術や演劇を必需品ではないとする。いずれにせよスノッブな人々だけが望む高価な贅沢品なのだとうそぶく。

　芝居が上演されている時に客席にいる体験は、単純に受け身ではない。テレビを見るのと同じではないし、映画館に行くのとも違う。大きな空間にいる誰もが生き生きとし、誰もが一つの中核となる活動に集中している。そして、誰もが貢献する。俳優や歌手、音楽家は、そのパフォーマンスに貢献する；観客はその注目を、その沈黙を、その笑いを、その喝采を、その尊敬を捧げる。

　そして、観客はその想像力も捧げる。劇場は映画館のようにはできない。劇場は文字通り（いま）全てが起きているように思わせる。だからそこに限界がある。本物の部屋ではなく、キャンバスに描かれたものだ；そう見えても、本物の男の子ではない、小さな木の人形なのだ。だが、その限界こそが観客にそのギャップを埋める余地を残す。我々はこれらのものを本物だと振舞う、だからこそ物語が生まれる。その演劇の限界こそが、観客にその役割の分かちあいを可能にする。実際、演劇は観客に振舞うことを求めている。観客がそうしなければ成立しない。

　この想像的な参加の結果、不思議なあり方で、物語がより本物になる。照明を浴びるパフォーマーにだけでなく、誰ものものになる。暗闇のなかの観客もまた作り手なのだ。そして、全てがあわさる時、我々が得る体験は、受け身の傍観がこれまでの全てであった以上に、比類なく豊かで満ちあふれた、より魔法のような存在になる。

　　　ガーディアン紙(2004)/フィリップ・プルマンの代理人A.P.ワット社の許可により掲載。

第2章
観客開発から文化権へ

　大人が演劇を観る選択をするか否かは——多分に見えるものではないが——数多くの衝動と圧力の結果である。自分の親が劇場に行ったかどうか、子どものときに劇場に連れていかれたかどうか、演劇クラブに参加したかどうか、芸術教育の程度、住む場所と演劇の地理的なアクセシビリティをも含む。大人が劇場に行くかどうかは、著しく、文化的な「ハビトゥス [habitus]」[9]を形成する経験、教育、相続により決まる——本章後半で詳述する。しかし、大人が劇場に行くかどうかは、多分に、選択の問題である。

　対照的に、子どもが演劇を観る選択は即時的であり、明らかに自分以外の力により統制される。大人と子どものあいだに存在する私たちの文化における力関係は、児童演劇が子どものために作られた産物にもかかわらず、平等や民主的とはかけ離れた方法で、作られ消費されることを意味する。ジョナサン・レヴィ [Jonathan Levy] は、「劇場にいる子どもは囚われの観客である。子どもは来ることを選ばない。子どもは連れてこられる」(Schonmann, 2006:60-1)と述べる。子どもは善意の目的により強要された観客であり、学校、親、その他の庇護者によって連れてこられる。子どもは劇場に、おそらく学校に、歯医者に連れて行かれるのと同じ方法で連れて行かれる。なぜなら、演劇は子どもにとって良いものだからだ。

　子どものための演劇——児童演劇——を考える際、それゆえに、大人と子どもの関係性、演劇がこの関係性のうちで占める役割を考えることが不可欠となる。児童演劇は、人人と子どものあいだの、作り手と受け手のパワーの、しばしば語られることのない、通常的で、決定的な区分に依存している。これが決まり事なのだ；この関係性は、子どものためと位置づけられる他の芸術形態に

9　ハビトゥス：フランスの社会学者ピエール・ブルデューが用いた日常生活のなかで、その環境により自然と培われていく思考、行動、趣向の性向。

おいて繰り返される。例えば、文学においては、このパワーのバランスの悪さは、ジャクリン・ローズ [Jacquleine Rose] に「児童文学などありえない [the impossibility of children's fiction]」を執筆させた。

> 児童文学などというものはありえない。児童文学を書くことができないという意味ではない。そんな主張は馬鹿げているだろう。そうではなく、児童文学はある不可能性に依存しているという意味において、ありえないのである。児童文学はその不可能性についてめったに語ろうとしない。その不可能性とは、大人と子どもの不可能な関係である。(中略) 児童文学が作りあげる世界に最初にやってくるのは大人（著者、作り手、与える者）であり、子ども（読者、作られたもの、与えられる者）がやってくるのはその後だ。(1984 : 1 - 2、邦訳26頁)

この描写は、児童演劇にもあてはまる。作家、作り手、実演家、企画者としての大人が先にあり、観客としての子どもは後に回される。ローズが問うのは、「大人が文学を通して子どもに何を求め、何を要求しているのか」(1984: 137、邦訳238頁)であり、児童演劇と同様に、私たち自身が問うべき問いは、子どもが何を求めるかだけでなく、子どものために、子どもに大人が希求するものに関係してくる。このことはスティーブン・クレイン [Stephen Klein] の描く認識と呼応する。

> 子どもの文化として扱われるものは、いつも主として、子どものために生みだされ、子どもに勧められた文化の事項でありつづけてきた……幼年期は力が欠如する特質と、大人の共同体の方向性と指導に依存することにより定義される状態である。文化とは、結局、社会的学習と社会化の貯蔵庫であり、世界においてどの社会が自分たちの位置づけを保存し、強めるかの手段なのである。(1998 : 95)

いくつかの点で、このことは——再び——大人と文化の関係と抜本的に異なりはしないが、文化の消費は、社会的学習と（自己の）社会化の形態により統治されると見なされる。さらに、力の欠如という特質が幼児期の姿を定義することにおいてクレインは正しいが、私が問いたいのは、子どもが自分の文化的

な体験に関わり、操り、用いるかにおいて、どれほどこの力の欠如という特質が絶対的なものかということだ。

しかし、確かなことは、児童演劇は、決して、シンプルにその存在のためだけにあることが許されない事例であることだ。代わりに、つねに様々な他のクオリティや目的、実利的な機能のために投資される。そのために演劇を体験することは、関与した子どもにとって、とにもかくにも良いものになる。言い換えれば、児童演劇は、率直あるいは心地良いものからかけ離れた所に置かれている。本章が探求していくのは、この位置づけ [status] である。

10代の演劇体験

毎年何千人もの子どもが、劇場に連れて行かれ、または学校でツアー劇団による上演を観る。毎年繰り返される文化活動であり、しばしば当然のことと考えられ、多分に当然の知として、あるいは単なる行事として見なされる。多くの人々にとって、初の演劇体験は、学校を通して／あるいは学校で、「学校の劇場訪問」または学校の講堂での公演であることは、私たち自身の幼年期からよく知られた文化現象である。

そこには明確に区分された2種類の活動がある。典型的には12歳以下の若い観客のために作られた作品の提供であり、本書の中心的な関心を形成する。もう1つは、おそらく、より一般的だが、中学校が劇場を訪問し、特別に青少年向けに誂えられていない大人の公演の鑑賞である。本章は、2005年のエディンバラのロイヤル・ライシャム劇場での『オテロ』公演に参加した5校の10代の観客を対象とした私が実施した研究を使い、このような劇場訪問を探る（全部の議論については、Reason: 2006a と 2006b を参照）。

この研究成果の一部がスコットランドの新聞に報道された。それに対し届けられた手紙をいかに読むかは啓発的なものがある。芸術教育と文化政策のより一般的な問いとして特定の研究と参加者からの議論を広げることが目的であり、この方法こそが、強い社会的かつ文化的投資と先入観の問題を照らし出す：大人が、子どもと青少年の演劇的遭遇において、いかなる欲求を持つかを考えることになるからだ。

スコットランドの最多発行の新聞ヘラルド紙に掲載された記事は、「学校の劇場訪問の幕引き？ [Is it curtains for school theatre trips?]」と見出しが付され、

次のようにはじまる。

> 劇こそうってつけなのか？　おそらく『ハムレット』にとっては。だが、新しい研究によると、劇場に行ったスコットランドの生徒たちにとってではない。劇場に行った多くの生徒たちは、舞台上で起きていることに関心の５分の１しか払っておらず、その代わりに、周囲の豪華さ、他の観客の振舞い、馴染みのない経験に落ち着かない感覚に囚われているという。

> 研究の成果は、ライシャム劇場のような場に生徒たちを連れていくという事例においては逆効果が生じることだ。……非常に明白に表れたのは、教育的な訪問が、生徒たちが再訪を選ぶ体験にはならないことだ。(Naysmith, 2005:12)

　必然的に結果を単純化し、衝撃的にしているが、記事が公然と研究を誤解してはいない。記者は出版された報告書を読み、私に電話でインタビューした後に書いた。しかし、見出しと少しばかり対立的な調子は、予想通り、スコットランド演劇と芸術教育の小さな世界に波風を立て、応答してヘラルド紙に掲載された何通かの手紙の全てが、教育上かつ観客開発上の学校の劇場訪問の価値と、生徒たちが体験から得る楽しみを主張した。例えば、グラスゴーの教師からの手紙は、「劇場訪問が、生徒たちが『再訪を選ぶ』体験にはならないという主張に私の血が煮えたぎった」と書く一方で、もう１人が次のように書いた。

> 同僚と私は、完全にこの記事「学校の劇場訪問の幕引き？」に動揺させられた。答えは断固として「ノー」──そして、これはここの教師と子どもたちからです。(The Herald, 2005:5)

　これらの応答を紹介するのは、記事が研究を誤解しているからでも、熱く応じた教師たちに私が全く共感しないからでもない。このメディア論争は、有効に、芸術教育が文化的に染みこんだ学校の劇場訪問の位置づけと、活動に置かれた組織的投資の水準を思い起こさせるからである。劇場訪問は、「良いこと」という認識により集約される。しかし、この理論的根拠は、明確に検証される必要がある。

中学校の劇場訪問は、最も即時的に、その教育的価値により正当化され、たびたび戯曲の勉強や、ドラマを学ぶ生徒[10]のために演劇活動の理解を高める助けとして用いられる。これは私の研究に関わった中学校の全ての教師が提起した議論であり、典型的な意見「演劇はテレビがなしえない方法でテキストを生きたものにし、読むのが難しい子どもにとって、劇場への訪問なしには、遠く曖昧なままになってしまう何かに対して多くの感覚をもたらす助けになりうる」を伴う（2005年、個人インタビュー）。他の教師らは、生徒が作った作品の質が、劇場訪問の後に多分に高まったと主張した。より幅広く、教師・教育者は、生徒の「批判的能力」を発展させる望みを表現し、生徒をより洞察力のある、あるいは洗練された観客の一員にする手助けとなる（教師からの同様のコメントがHarland et al, 2000: 40-2; Downing et al, 2003: 16-7に報告されている）。

　中学校の劇場訪問はまた、創造性を高め、自分たちの文化遺産の理解や、学校を出た後の生涯学習を奨励するといった、より幅広い教育的な目的を満たすとも表現される。スコットランドでは、劇場への学校の訪問は、他の文化活動に加えて、しばしば「生徒に変化する社会において成功するための、また創造性と野心を奨励するために不可欠な、基礎的スキル、振舞い、期待を身につけさせる」手助けとして、「人生のための学び」を助けると示されている。もう一度、この立場を主張する教師らの意見だが、次のように語る。

　　私は単なる英語の教師ではなく、子どもを教える者であり、私は劇場への訪問が、子どものその後の人生において、思い出となる何かであることを知っています。それは、子どもが得る楽しみと驚きの感覚を体験しうる真の特権なのです（2005年、個人的インタビュー）。

---

10 ドラマを学ぶ生徒：1988年にイングランドに導入されたナショナルカリキュラムにおいて、演劇は5歳から義務教育修了(GCSE)の1年前まで国語（英語）の一環として学ぶことが義務付けられた。GCSE最終年には、ドラマ、表現芸術という選択科目が登場し、それで義務教育修了資格試験を受けることもできる。とりわけ11－13歳（キーステージ3）の生徒へのドラマ学習が重視されている。多くの中学校に、ドラマを指導する専門教師ドラマ・ティーチャーが配置されているが、学校長の方針次第であり、ドラマ・ティーチャーのいない中学校もある。

　一方、スコットランドは独自の教育制度を発展させてきた。2003年「卓越のカリキュラム」が導入され、2010—11年度から施行されている。演劇は表現芸術のもとで、美術・デザイン、ダンス、音楽とともに教えられている。

このようなコメントはまた、多くの教師が、学校の劇場訪問や他の芸術活動を計画する際に助けとなるように、職業上の献身と個人的投資を払っていることを示す。

同時に、明らかなのは、学校が生徒を劇場に連れていくことは、典型的に、明確な文化的価値であること——あるいは、私の研究に参加した10代の生徒らのように、「大きな劇的な作品」が「集中」を「要求」し必要とすることだ。例えば、シェークスピアといった文化的規範のうちにある国家的に重要な作品を鑑賞することである。この認識がヘラルド紙に送られたもう1通の手紙に提示されている。そこで、ある教師は、生徒らに「文化的規範」からの「真面目」あるいは「難しい」作品を紹介する自分の役割を強調し、次のように認める。「もし親が劇場に連れていく子どもだけが何世紀にもわたる価値のあるドラマにアクセスできるとしたら、演劇はエリートのための芸術形態になってしまいます。無知が無知を生むのです。」(The Herald, 2005:5)

10年にわたり国立劇場の芸術監督を務めたリチャード・エア [Richard Eyre] が似た思いを示している。2007年、オブザーバー紙に書いたのは、学校が生徒たちに演劇、美術、クラシック音楽の鑑賞において、この染みこませる義務にまさに失敗したことである。

> 私の恐れは、（芸術教育なしには）芸術が生活の一部である人々と、芸術は曖昧で理解できないと考える人々との間の社会的分断を増幅することだ。アパルトヘイトという語を使おう。（中略）教育という仕事の役割は、芸術をはく奪されていると感じる人々を解放することであるべきだ。学校と芸術の間にコーディネートされた戦略を見たい。それなしには観客は育たない：未来の芸術の消費者だ。(Asthana and Thorpe, 2007)

ここに2つの問題が導き出せる。1つは未来の観客を育てるという馴染みのあるモティーフに内包されるもの、もう1つは、芸術教育の概念とピエール・ブルデューの用語ハビトゥスに関わるものである。

観客開発

演出家エアの未来の芸術観客についての喚起は、演劇産業ではお馴染みであ

る。しばしば常識として示され、劇場は今日、若い観客が関わることで、さらに未来の大人の観客として関わるのを望んでいる。例えば、中学校の生徒の芸術参加の初のオムニバス調査の序章は、「青少年が未来の観客、参加者、芸術実践家のプールであることはいうまでもない」と述べる(O'Brien, 1996: 1)。スコットランド芸術評議会(SAC)[11]は、「幼少時からの関わりあいこそが生涯にわたる楽しみ、鑑賞、関与の鍵となる」と論じる(2006)。一般的にいえば、これが産業全体に知られる位置づけである。ジョン・トゥロック［John Tullock］がロイヤルシェークスピアカンパニー（RSC）で見いだしたものだが、「将来の加入者を早期に得るために多くの銀行が集約していること同じ」存在であると描写している。この意味において……生徒はRSCから「大人として戻ってくる」ことが期待されている(2008: 88)。

　生徒が大人として戻ってくるという希望は、もちろん、教育界も分かちあう。校長らは、小学校における芸術の役割を尋ねられて、「芸術教育の便益は、部分的には、芸術における審美的鑑賞と喜びが継続的な源となる後の暮らしで利用される」という認識を明らかにしている(Downing et al, 2003: 15)。この信念は、しばしば教師自身の演劇の原体験から引き出される。ある手紙の筆者は、「私自身の演劇への愛情は学校の演劇鑑賞グループで培われた」とコメントしている(The Herald, 2005: 5)。

　マーケティング、教育普及、そして観客開発の関係性は、そのつながりを結果としてではなく、付随的なものと見なす人々から激しい抵抗にあう問題であり、たしかに芸術教育活動の目的にとって中心なものではない。だが、とりわけ、その主な仕事が文化的活動の創造であり、観客をひきつけ維持する必要性に迫られる、規模の大きな芸術団体や施設の多くの活動にとっては、重要なものだ。結果として、マーケティングと教育普及活動の重複部分の発展を求める報告書や監査が繰り返し作られることになる。実際に、『教育と観客開発監査 [Education and Audience Development Audit]』を依頼する際、SACは特殊な制限を加えている。「教育と観客開発に成功したあり方を示し、それが直截的に入場者数と訪問につながる」優れた事例を見つけだすことへの関心である(Morag

---

11　スコットランド芸術評議会：スコットランドの公的助成機関。2010年、スコットランド芸術評議会とスコットランド映画協会が合併・改組され、クリエイティブ・スコットランドが誕生し、姿を消した。

Ballantyne, 2001: 4)。このアプローチは「生活として劇場に行くこと」に対する「満場一致の利害」を描き、しばしば暗黙のうちに動議づけられている(Downing et al, 2002: 26)。

　教育普及活動は、青少年の観客でのみ、公式の教育システムのうちでのみ、入場者数を増やすという直截的な関係でのみ、実施されているわけではない。しかし、この短い要約が示すように、学校の劇場訪問——そして、さらに一般的には観客開発——を動機づける非常に根深い考え方が存在する。それは教師と他の関係者の顕著な個人的かつ感情的な投資とともに、教育と文化産業からの組織的投資をも伴っている。

　論じる価値があるのは、この議論の2つの意味である。最初に、極端にいえば、マーケティング実践は、単純な露出を通して、人々に観劇虫を感染させることを求める——芸術を人々の前に置き、最良であると希望するわけだが——多くの教育普及活動は、ワークショップやレクチャー、参加、あるいは他の活動を通して、体験を豊かにし、補強することで、とりわけ、これを超えようとする。公式教育のコンテキストでは、多くの教師は同様に、フォローアップ活動と議論で芸術体験を広げることを求める。このようなアプローチは、知に投資し、スキルを発展させることを通して、芸術へのアクセスを促進すると理解されるが、10代の青少年がこの知を自身のために適切化、内在化することに失敗するという危険性が存在している。それゆえに、問題として残るのは、青少年が演劇のパフォーマンスに触れる際に、望まれる演劇的な知とスキルをいかに発展させるのか、そして、これが青少年の演劇との進行中の関わりにいかなる影響を及ぼすかである。

　第2に、青少年自身がその瞬間を楽しむと期待される一方で、教育的便益は別として、10代の観客が自分たちの体験と応答に、必ずしも価値を置く必要はないという感覚をしばしば伴うことである。むしろ、将来なるであろう観客としてと、大人同様に発展させる批判的能力に価値が置かれている。

　早期の芸術体験が、とりわけ、ここでは演劇だが、個人の長期にわたる芸術と演劇の享受にとって重要だという認識である。色々な意味で複雑なアジェンダではないが、子どもが大人同様に継続する場合だけ、そのような努力が成功するという少しばかり不快な可能性が生じる。子ども自身の体験の価値を否認しているのである。

芸術のハビトゥス

　これを考える上で価値があるのは、何かを、また、他のことをするべきかどうかに関して、私たちの傾向に言及するピエール・ブルデュー[Pierre Bourdieu]の「ハビトゥス」という概念を紹介することだ。ハビトゥスが描くのは、ある特定のものに対する好みや反応についての一般的な傾向であり、私たちが何を行い、何を消費するのかを示す――例えば、劇場に行くことを選ぶかどうか――は、行き当たりばったりでも、全体的な自己の認識でさえなく、代わりに、傾向と趣向に深く根づいている。児童青少年に望まれているのは、早期の芸術体験が、彼らの大人としての生涯を通して演劇を鑑賞するハビトゥスを生みだすことである。

　芸術に関して、ブルデューは私たちの文化的ハビトゥスを決定する主要な2要素を見いだした。1つが芸術教育であり、多かれ少なかれ、私たちに「文化資本」をもたらす。それこそが私たちが見る芸術を理解し、鑑賞する能力をもたらす。もう1つが、家族からの相続である。この2つの要素の相関的な重要性について、既存の研究は2つの方向性を示している。

　1995年、NFERが青少年の芸術の関与と鑑賞についての報告書を出版した。その一環で、NFERは、青少年が芸術に参加するか否かを決定づける、ブルデューがハビトゥスと呼ぶ青少年の傾向に、いかなる要素が影響するかを探った。主たる影響は、人であった。家族、とりわけ、母親、友だち、教師らが重要な他者である。これらは「伝染性」の影響として描かれ、報告書において、芸術体験それ自体として言及された非常に限られた機会とは対照的だった。実際に、報告書が記載するのは、芸術に「興味をもつ」大きな要素として青少年が実際の演劇体験と言及したのは、わずか回答者の5％に過ぎなかった(Harland et al, 1995: 184)。芸術に関わる動機づけ、あるいは実に動機を挫く要素として、実際の芸術体験がほとんど言及されていないのは印象的だが、これは後に触れる。

　報告書は社会階層に関する結果を探り、その結論の中で「専門職階級においては親に芸術への親しみが広がっていると示すかなりの証拠があると思われる」と述べた。半熟練あるいは未熟練労働者階層の出自の青少年の結果は、家族と友人が、芸術への関与に影響する要素としてほとんど触れていない――実際に、この背景をもつ子どもに、芸術と関わらせることは非常に難しい。報告書の結論は「社会階層の範疇の社会的規範は、芸術関与に対する関心を含んでいない」

ことだった(Harland et al, 1995: 182-94)。英国ならびに合衆国の他の研究が、子ど
もの芸術参加と鑑賞の水準は、彼らの親のそれと合致する傾向があるという認
識を主張し、このような相続した「文化資本［cultural capital］」が決定的だと示
している(National Endowment for the Arts, 1992: OɪBrien, 1996; Harland et al, 2000)。

　『オテロ』を観劇し、生徒たちとともに行った活動には、5校が参加した。1
校は私立の女子校で、その生徒は予想どおり提供された強い文化の権利と所有
の感覚を持っていた。家族から相続した非常に直接的な形態から生み出された
ものだ。その教師は、「私が幸運なのは、生徒がたいてい中産階級出身で、その
親が自分の子どもが演劇と芸術を体験するという概念を喜んで受けいれる」と
語っている (2005 年、個人的インタビュー)。もう1つの生徒のグループは、比較的
に貧困地域にある公立中学校だが、ドラマを科目としてそれ自体を学んでいた。
残りの青少年たちは、英文学の教師たちと一緒に鑑賞した。ドラマを学ぶ生徒
たちは、他の社会的あるいは教育的な境界線を超えて、自身の文化的体験を所
有し、批判的に問いかけることができる演劇のスキル、知、様相のいくらかを
内在化したことが注目に値した。

　2校の事例で示す、この芸術のすでに獲得したものとしての関与とは対照的
に、他の3校の生徒は、演劇は単純に自分らのものでないと信じていた。受容
されていないと感じ、快適でない感じ、場違いの感じとして表現した。同様に、
ある生徒は「話すことができない場所にいると感じた」と話した。他の生徒ら
は、劇場は自分たちが自分たちでいられない場所」と感じていた。同様に、様々
な教師のコメントは、「何人かの生徒はすでに、自分が劇場にふさわしくないと
示唆する振舞いを察知している」(The Herald, 2005: 5)、あるいは「劇場は『スノッ
ブ』な人だけのものという認識がある」(2005 年、個人的インタビュー)。ここにおい
て、青少年の体験の拒絶は、権利感覚の欠如の反映だと見なせる。物理的な実
在としての劇場と、活動としての観劇、そして特殊な文化的産物としての所有
の感覚が欠如しているのである。劇場のアクセス向上が求めるのは、それゆえ
に、期待された階級と文化的境界線を確認し、受容する自己社会化を形成しう
るプロセスを通して、このような青少年の観客と積極的に交渉することなので
ある。

　劇場や他の伝統的に高度な文化的形態が「自分たちのもの」ではないという
認識は、とりわけ青少年の観客の文化消費のパターンの研究でよく見られるコ
メントである。例えば、SACの調査は、美術館、博物館、劇場で「場違い」だ

と感じる、または、そのような文化が「私のものではない」は、一般集団の18％が経験していることを示す。16－24歳の人々の場合には、29％に上る(NFO System Three, 2002: 50)。またハーランドが自身の研究で示すのは、このような認識は、中学校における「全ての人々がアクセスできる芸術のレトリック」が、いつも現実には裏付けのないものであることを表す強い要素であることだ(Harland et al, 2000: 567)。一方、多くの教師と演劇の教育普及担当にとっては、このような潜在的な疎外と権利の主張を乗り越えることが（あるいはポッシュという認識を乗り越えるために、教師が日常会話で使うことで）、青少年を劇場に連れていく強い動機となる。そこにいる権利を、演劇そして与えられた文化を所有する権利を主張する行為となるのである。

文化権

　この倫理的なそこにいる権利の主張は、英国では芸術文化についての私たちの国家的言説において優れたものがある。文化に対する権利は、国立美術館・博物館への入場料無料を生み[12]、青少年のための劇場や他の施設でのチケット価格を安く抑え続けた。文化に対する権利というコンセプトはまた、典型的に発展途上国での少数者を守るために使われるが、観客開発と文化的サービスの提供という先進国のコンテキストの中にも、文化権の国際的な誓約を適用するための直接的な試みをもたらした。例えば、フィリップ・プルマンは、子どもが美術館、博物館、劇場に行く必要があると綴り、「人権法だけが子どもにそれを可能にする」と、この言語を非常に明示的に用いている(2004)。スコットランドでは、2004年に「スコットランドの市民のための文化権の理解を調査する明示的な権限をもつ文化審議会が設立された。「スコットランドの一人ひとりの市民が文化的活動への平等のアクセスをもつべき」という基本的な前提から行動することで、審議会は「一連の文化権と結果としての文化的資格［cultural entitlements］」を定義することを求め、それを届けるための可能な構築的かつ法的なメカニズムを明らかにした(Cultural Commission, 2005: 30)。

　用語が直ちに混乱するのは明らかで、権利からアクセスする資格へシフトす

---

12 国立美術館・博物館：国からの公的助成が揺らぐ中で、しばしば有料化が議論されてきたが、有料化すると疎外されてしまう国民が増えると、特別展等を除き、基本的に、無料が維持され、寄付を募っている。

ることで、用語は芸術の観客開発により馴染むものになる。この諸権利の論争のフレーム化は、また様々な考え方から攻撃されることになる。とりわけ、いかなる政府であっても、ひとたび文化の提供において、基本的な諸権利を重視すると生じる困難に対して、文化の定義から何が含まれ、何が除外されるのかを決める最もリベラルな解釈の必要性に対してさえも（この議論については、Donders, 2004；Larksonen, 2005を参照）。ロドルフォ・スタベンハーゲン［Rodolfo Stavenhagen］は、国際法に鎮座する文化的生活に参加する権利は、一国家が蓄積する文化資本の類として、文化を位置づけると思われると綴る。「楽しめる人もいるが、アクセスし得ない人もいる」わけである(1998: 4)。これが我々の国家の文化的遺産と思われるものの消費を助け、広げるための暗黙のうちの教育上の必要性を、再度、主張するものである。

　課題は、理想と信念と関与を、公然と拒絶することなしに、学校の劇場訪問に、より一般的には芸術教育のマニフェスト化された仮定のいくつかに対し、我々が問いかけうる言説を作ることである。誰もが自分たちの文化と遺産の施設、建物、芸術形態にアクセスする権利をもつという信念は、私も確固として信じる。これらの文化形態と活動は、私が日常生活において参加し、価値を見いだすものであり、私の自己アイデンティティの中心をなす。私の実施した研究に参加した10代の青少年の大部分は、劇場に行く体験を楽しみ、多くの物を得たことを強調することが重要だと考えている。彼らは、その教師同様に、そこにいる、そして、与えられた文化を体験する究極的権利を主張する。しかし、そこに積極的にいたいこととは同じでない。そこで課題は、文化と－同様に重要だが－劇場での社会的体験に対して、青少年の観客が立証した問題と認識のいくつかに対し、いかに文化政策が対処しうるかを問うことである。

　青少年と芸術教育のコンテキストにおいて、文化的生活に参加する権利というコンセプトは、刺激し活発化させる役割を持つ。しかし、その現在の形態において、それはほとんど完全なまでに文化的サービスと商品の提供として存在している――つまり、良いものとしての優れた文化的産物の提供、推進、消費である。このコンテキストの中で、文化権のコンセプトは、強制の形跡以上に圧迫し、伝染というメタファーに極度に依存する――何かを得るという望みをもって、青少年に芸術を触れさせることである。同様に、多くの教師・教育者にとって、学校の劇場訪問や他の推奨された文化的活動が望むのは、青少年に可能なかぎり幅広い体験を与え、以て、芸術形態が自分たちのものか否かを、

自分のために選択できる位置づけにおくことである。しかし、『オテロ』を観劇した様々な青少年のグループは、明白に、この選択を等しくはできなかった。文化的生活に参加する権利の主張は、言い換えれば、1つの社会の中で社会的、教育的、文化的な分断を持続することから生じる、受けいれられていない、文化的に疎外されている感覚を乗り越えるのと同じではないのである。

　現在の活動と議論の多くのその場しのぎの性質に挑むよりも、必然的により困難なものは、ここからどこへ向かうかを推奨することである。この領域の研究から明らかなことは、青少年の芸術との進行中の関わりに顕著に生じる3つの要素である。すなわち、専門家となる芸術教育、また『オテロ』の研究でのドラマを学ぶ生徒によって得られていた専門的知識のような文化資本として知られるものを深く受けとめる、あるいは内在化すること；家族の背景と重要な他者からの伝染的効果；そして、これらのあいだ／横断する、個人のハビトゥスへの芸術鑑賞の内在化である。このリストに抜け落ちている驚くべきものは、芸術それ自体である。本章で先に、わずか5％の青少年が、芸術との関わりという要素で、公演を見たと言及していることに触れた(Harland et al, 2000: 184)。1980年代のカナダの統計調査は、「子どもとして芸術に連れていかれる体験は、未来の鑑賞に大きな影響を及ぼさない」ことを示した(Morrison and West, 1986: 22)。両研究は多様な批判にさらされている。しかし、このような結果が示すのは、プロの芸術が多分に青少年を刺激することに失敗していることである。

　ここには多くの理由がある。無条件での青少年の芸術への接触に関して、文化への権利の問いを含まないのは明らかだ。ここで私はグラスゴーのアート・センターのアーチズ芸術監督（当時）アンディ・アーノルド［Andy Arnold］が、ほとんどの人々がすでに参加者であり見物者として文化にアクセスを持ち、「最も即時的な意味において、子どもは文化権を所有している」と記したことに同意する。問題として彼が続けるのは：

　　ほとんどの人々は、その権利の行使を選ばない。困難なのは、たしかに人々が関わるよう刺激される環境を発展させること、どこに多くの人々の生活に適切と見なされる芸術があるかである。限られた人々だけがこれらの文化的活動の価値をまえもってある程度まで意識することなく、オペラ、シェークスピアの芝居、あるいは実験的なジャズ・コンサートに参加している(Arnold, 2005)。

青少年の観客というコンテキストにおいて、教育システムの外側での、彼らの日常生活にとっての芸術の適切性は、とりわけ重大である。しかし、理解すべきは、中身だけでなく、文化的産物の形態と、観客の体験の性質である。実際に、大人の観客と幼い子どものために作られた産物と比較して、いかに演劇や芸術が、10代の観客に向けて特別に作られていないかは印象的なものがある (Young Scot, 2004: 34)。演出家トニー・グラハム［Tony Graham］はまた、次のように綴り、この不足を認めている。「マンチェスターのコンタクト劇場は別として、10代の青少年を受けいれることを狙いとして活動する建物空間は貴重なのに少ない。12歳になると観る公演がなくなるという概念は、私には非常に奇妙だ」(2005: 84)。この状況に対する理由は、部分的には、見下たり、ゲットー化する印象を与えることなしに、鑑賞を行う難しさゆえである。しかし、このようなグループと一緒に行われる文化体験や、効果的な文化学習の目的は、子ども自身の権利において観客として即時的な楽しみというよりも、しばしば投影的であり、大人としての将来の楽しみのための準備になる。決定的に、芸術イベントがより直截的に、10代の観客のために作られることは、観客の能力、注意持続時間、知性の問題ではないが、代わりに、子どもの生の体験の特殊性を理解することを示している。重要なことは、文化権が物理的、経済的なアクセス、あるいは単純な接触に単独で関連するわけではない——このことは幼い子どもが扉を開ける実際的な事項として露骨に特徴づけられる——しかし、芸術に関わることを妨げる社会的、文化的、知識のバリアをもまた取り囲む。これらのバリアがしばしば能力と知識（あるいは文化資本）の問題を形成する。求められる知識と能力なしには、児童青少年はほとんど公演にアクセスできない。あるいは、彼らはそれなりの様相を把握できるものの、その体験を他の水準に持ち込むことは快適ではない、あるいは、できなくなる。文化への権利は、それゆえに、知と個人的なエンパワーメントの権利を満たすことに依存するのである。

　これに関連して、最終的な野心が何であれ、青少年自身の認知の重要性と、芸術教育の効果を認識することは、きわめて重要である。劇場に行くことは学習活動であり、文化的価値と内包された社会的コードの複雑な組み合わせで統治される。観客の一員としての一人ひとりが、資格、所有権、正当性の感覚を内在化するかどうかを、自分のために取り込む必要がある。幼少期かつ10代の演

劇体験が、観劇という行動を埋め込む、少なくとも標準化する可能性をもつという望みはつねに残り続けるのである。

　本章で簡略に紹介されたものを含む10代の観客の研究の証拠は、青少年はあまりにしばしば個人的な投資、当該の文化の所有権の感覚をほとんど持つことなく、単に演劇に触れさせられていることを示す。青少年の生活に適切である、青少年のものと認知される代わりに、その体験はあまりに他者の文化なのである——内容も、形態も——。そして、この意味において、青少年の日常や想像上の生活においてほとんど価値をもたない。

　私の研究では、突出する2つの例外がある。第1に、私立の女子校と最も恵まれた出自の生徒は、芸術に対して権利の感覚を内在化し、相続していた。第2に、ドラマを科目として学ぶグループの生徒は、自分の文化体験を所有し、価値をおくことを可能にし、社会的、教育的な境界線上の外側に彼らを連れていくスキル、知識、認知を内在化させていた。効果的なまでのあり方で、演劇と他の芸術科目は、しばしば学校の学術的なカリキュラムにおいて軽んじられる。これ自体が、価値や適切性の認知された欠如の恒久化を助長する行為なのである(Harland et al, 2000: 568)。

　文化権は議論の余地はないと思われる。しかし、他の教育的、社会的価値の伝達を助けるためのコンセプトとして利用されること、出会いという比喩と観客開発の問題として見なされることから解放される必要がある。実に、このコンテキストでは、いかなる法的に有効な文化の諸権利であっても、完全に達成され、実現されるために、すべての権利が内在化される必要があり、有効性は疑わしい。外側から届けられた文化権は、抽象的な構成物であり、せいぜいエキゾチックに楽しみうる何かであり、抜本的には他者のものなのである。内在化されることで、文化的な生活への参加は、個人の自己アイデンティティと、真に奪うことのできない抜本的なものになる。非公式な文化の諸権利は、それゆえに、青少年が提供された文化形態の所有を彼ら自身の言葉と彼ら自身の権利において可能にする、鑑賞のスキル、自信、知を提供することである。これらの批判的能力を発展させるために、年齢に則した文化的な体験が、小学校以後の教育システムを通じて組み込まれる必要がある。

　大きな懸念は、特に、児童青少年を劇場にもたらす観客開発の可能性への多大な関心が、子どもの観客としての重要性を無視している、少なくとも過小評価していることだ。観客開発として青少年の演劇の関与を主に認知することは、

青少年が現在の観客である以上に、彼らがなる大人の観客に価値を置くことになる。青少年の人生の、ある特定の瞬間にある観客のためにふさわしく、報いのある公演を保証する重要性は、マーティン・ドルーリーの現在性の重要性の記述の中で、喚起するものとして主張されている。

> 子どもは未来の観客ではない。むしろ、子どもたちは、重要な文化的資格を持った、いまこの場の市民である。8歳は24歳の3分の1、32歳の4分の1、40歳の5分の1ではない。8歳であることが全ての体験なのである……8歳にとって特別な理解と意味がある(2006：151)。

児童青少年の人生のために、特別に作られた演劇の価値と強みはここにある。だからこそ、子どもの生の演劇への応答において、私たちが8歳であることの特別な体験が何を意味するかに関心を向けることが重要なのである。

子どもたちは育つ

トニー・グラハム

　「子どものための演劇」という概念を、私は常に奇妙だと考えてきた。かつては目的に叶っていた。新しい社会運動同様、分離主義は健全ともいえるが、狭量とゲットーの心理に陥ってしまう。児童演劇という概念が示すのは、限定された年齢の観客という強固な封印である。このことがあらゆる類のナンセンスを奨励する：教訓癖、説教（カール・ミラーが「義務の演劇 [theatre of ought]」と呼ぶもの）、低い質（ゼロの演劇 [theatre of nought]）、陳腐、明るいもの、単純すぎるもの、幼稚なもの。このような考えは、子どもとは関係なく、全て善意の大人の問題なのだ。

　それでは、なぜロンドンのユニコーン劇場は、児童青少年の観客のために最良の作品の創造と提供を目的とした新しい劇場を建設したのか？　最も大きな理由は、子どもの視点を含む、ある種の演劇を育てることにある。1960年代に生みだされた「子どもの視点」は、革命的概念として今も残っている。これが挑むのは、物書きや、創造する人々だが、同時に、若い人々に向けられた演劇の全ての側面を含んでいる。この視点を抱く、偉大なる演劇を創造するためには、その箱の建設が重要なのだ。どんな環境であれば、若い観客のための最良の演劇が栄えうるのか？　このような作品を研究し、証人となり、創造するために求められる時間、スペース、資源を、我々は持っているのか？

　児童青少年は自ら歓迎されていると感じるのか？　彼らは作品を見て、感じられるのか？　何を彼らが考えているかを、我々は気にかけているのか？　そして、我々はそれをいかに見いだすのか？　演劇は彼らにとって豊かな体験なのか？　我々は演劇を、関わりと参加の、よりアクティブな形態に広げられるのか？　異なる年齢の人々が集う時、いかに子どもたちは演劇を体験するのか？　何であれ、建設構造上の問題でもある。スペースの配置、そして、そのなかで我々全員がいかに動くのかに影響が及ぶからだ。

　だが、作品が観客とつながらなければ、このいずれもが陳腐なものになる。我々の劇場は、台本を測定する，作家とクリエーターのための5つのチャートを作った。この5つの指針のチャート（全てがつながり、1つの星となるのを思い浮かべてほしい）は、詩、誠実、超越、劇的可能性、そして、子どもの視点である。この基準は、我々の劇場のその場所にふさわしいかどうかを評価す

る。書き下ろしなのか、ディバイズ作品か、翻案なのか、オリジナルかどうか、台本ではじまるか等の起点は、二次的な問題にすぎない。重要なのは、質であり、明白な成功への強い興奮である。大事なのは、演劇という体験が、我々の感情のシールドを貫き、客席の我々をがっちりとつかむことだ。それが僅かな変化へと導く。さもなければ、なぜ悩むのか？

　だが、パラドクスは残っている。無限の形態をとることができるものの、児童青少年のための演劇は、何であれ、定義上、我々全てのための演劇でなければならない。我々は子どもと同じ世界に住んでいる。我々のものよりも、子どものものは複雑でないわけでも、困惑させないものでもない。もし我々が答えを知っているというのであれば、我々は嘘をついている。だから「児童演劇」という名称は、商標法によって禁止されるべきなのである。よく見ても、部分的に過ぎず、最悪の場合、誤解へと導く。子どものために十分に良いものであるためには、我々にとっても十分に良いものである必要がある。そして、もし君たちや私がそのことを本当に気にかけなければ、一体、どうあるべきだというのか？　が、ここにこそ問題がある。幼児期、成長期、青春期を尊重しない限り、我々全体のための演劇を作ることは不可能だからである。

　青少年演劇の観客の認知におけるラディカルな変化は、確実に今世紀に起こるだろう。変化はすでに始まっていて、我々は長い旅の途上にある。その途中で、我々は自分自身をどのように見つめ、描くのかを変える必要がある。児童演劇に終止符を打つことで、我々は、子どもと我々全員が誇りうる演劇を創造できるようになるのである。

トニー・グラハム　演出家／ユニコーン劇場(前)芸術監督

第3章
児童演劇における質

　児童演劇という芸術形態は、その真面目さ、重要性、エクセレンスの水準を主張する際、しばしば遠回りをする。例えば、SACは、今日「スコットランドの劇団は、児童演劇において、大人の演劇の同様の質の高さの提供に努力し――成功している」と述べる(2006)。同様の所感が、英国そして海外にわたって真実となり、演劇としての児童演劇の質と地位が如実に支えられている。

　児童演劇の評判は過去10年間で高まってきたが、芸術形態としてそれ自体の、この質とその有効性の概念が、必ずしも広範囲にわたる認識を示すわけではない。児童演劇は長く入り混じった評判に囲まれてきた。1つの理由は、しばしば娯楽と教育という競合する目的のために、しばしば質と有効性の競合する基準から外れるために、しばしば公的助成演劇、商業演劇、コミュニティ・シアターの世界に足元を広げているからである。

　2002年、イングランド芸術評議会[13]（ACE）は、セミナー「児童演劇の質[The quality of children's theatre]」を実施した。児童演劇の重要性として集められた多くの証言には、「質」、尊敬、投資の欠如に関する多くの主張があった。例えば、ロンドンのハムステッド劇場のディレクター（当時）のアンソニー・クラーク[Anthony Clark]は、「児童演劇は、職業上の称賛に欠き、演劇自体は子どもへの称賛に欠く」と論じた(2002: 26)。同様に、ジャーナリストで批評家リン・ガードナー[Lyn Gardner]は、「青少年のための演劇は十分に助成されていない、ひどく無視され、文化の中で中心的な位置づけを拒絶されている」と述べた(2002: 32)。

---

13 イングランド芸術評議会 Arts Council England：イングランドの芸術活動を助成する公的助成機関。1995年までは英国芸術評議会 Arts Council of Great Britain として全土を対象としていたが、分権政策により、イングランド、スコットランド、ウェールズ、北アイルランドの4つに分割された。

第3章　児童演劇における質

　ACEのセミナーの報告書と他の資料からの証拠は、英国において、とりわけクリスマス・パントマイム[14]、子どもと家族のためのパフォーマンスといった季節的な公演以外は、主たる助成劇場 [subsidised theatre] を基盤とする創造体からは疎外されたままなことを示唆する。もちろん、スコットランドならびにイングランドの国立劇場の作品を含む、顕著な事例は存在する。例えば、スコットランド国立劇場[15]の最初のシーズンのプログラムの中、2007年の『壁の中のオオカミ [Wolves in the Walls]』は家族ぐるみを狙いとし、青少年の観客のために作品への関与を示した。一方、ロンドンの国立劇場は、フィリップ・プルマンの『ライラの冒険 [His Dark Materials]』を2003年に製作した。にもかかわらず、児童演劇には、創造体としての他の活動と統合されたものであるよりは、「付加的」という認識が残る(Clark, 2002: 27)。この理由は、家族向けの公演や児童演劇が、アクセスを高めるためにチケット価格を必然的に低くするために、低収入をもたらす傾向等、多々ある。これが公演の低予算化の圧力をあたえ、価値の欠如、質の欠如という認識をより強くさせる。

　演劇界全体として、児童演劇のいくぶん疎外された位置づけは、他の理由でも維持される。学校と劇団のあまりに限られた予算のために、ほとんどの小学校の児童は、演劇パフォーマンスを劇場でなく、自分たちの学校で鑑賞する。学校での鑑賞には、少なからず僻地においてアクセスを高める可能性を含む、多くの財政的、実利的な利点がある。しかし、このような公演が芸術形式の性質において何を意味するか、業界内に広がる懸念もまた存在する。例えば、クラークが次のように議論する。

　　残念なことに、職業の中で、作品が周縁化され、この協働の媒体のもつ完
　　全なる可能性から、子どもの体験を制限してしまう効果がある。おそらく
　　全体で最も打撃を受けるのは、演劇が、小規模、学校と教育と同意語だと
　　いう事実である(2002: 28)。

14　**クリスマス・パントマイム**：毎年12月から1月にかけて、英国全土の劇場が上演する家族
　　向けのプログラム。『シンデレラ』『ピーターパン』『ジャックと豆の木』『赤ずきん』『アラジン』
　　『眠りの森の美女』等、誰もが知る物語を、歌や観客参加をまじえ上演する。魔女や悪い女王は
　　男性俳優が演じるのが通例。
15　**スコットランド国立劇場**：劇場をもたない国立劇場として、2006年に誕生。

このことから幅広い演劇産業の中には、児童演劇を「学校演劇」として見なし、ときに低い水準と「仕事を始めたばかりや、待機中のプアな演劇の２軍の領域」という認識で固定し、軽蔑的な態度をもち続けてきた(Wood, 2005: 114)。実際、リーキーは、1990年代初頭迄、スコットランドのほとんどの児童演劇が「ひどくプア」だったと示唆する。

> 作品は陳腐で、生産不足、リハーサル不足、作品は全体としていかにひどいかを観客が理解するのを妨げ続けるために、たくさんの観客参加をとりいれたクリスマス・パントマイムのバリエーションのようなもの(2005: 38)。

　最後に、根深く、多く疑問視されながらも、長くひきずる想定がある。児童演劇はともかく（質において）２軍だということである。俳優や演出家が何かもっといい仕事がやってくるあいだにやる仕事であり、選択の余地は殆どないというわけだ。

質とは何か?

　児童演劇の質は、全部、または多くが主観的なものであり、趣味や流行の類だと考えられている。質はまた、大いに公演の物理的かつ物質的水準にも適用される。オルタナティブで、より問題を抱える質は、これまでの章で議論したように、個々の子どもに対して、様々な道具的便益を届ける、学校や共同体全体に対しての児童演劇の効力と関係してくる。質は、それゆえに、趣味の普遍化され時代を超越したものに関係するか、ある特定の時期の特定の観客の特定のニーズや求めるものに減じられるかもしれない。用いられる概念や水準が何であれ、一般的に主張されるのは、児童演劇は、すべての演劇が質の高いものであるべきと同様に、質——それが何であれ——をもたねばならないことだ。例えば、1973年に書かれたものだが、モーゼズ・ゴールドヴァーグ［Moses Goldberg］は宣言する。

> 児童演劇の「高い水準」は、基本的に、大人の演劇の高い水準と同じことを意味する。演劇的努力のそれぞれの領域で可能な限りの高い質を達成する、芸術的に統合された公演である。(1974: 23)

この後に、ゴールドヴァーグはスタニスラフスキイの言葉を引用する。「演技の原則と良い演劇の必要性は、大人と子どもの演劇でも同じである」と宣言するために、ただより良く「大人のためと同様に、子どものために演じる必要がある」(1974: 23)。

著書『児童青少年の媒体としての演劇 [Theatre as a Medium for Children and Young People]』でシフラ・ションマンが探るように、児童演劇が大人の演劇と基本的に同じという概念は、とりわけ1970年代に顕著だった。いかなる方法においても標準以下として扱われ、不十分と定義されないために、芸術形態としての欲求が根幹にある。しかし、平等性の概念が重要である一方で、同じという示唆はさらなる問題をはらむ。ションマンは、例えば、コロゴドスキイ [Korogodsky](1978)を引用して、次のように示唆する。

> 大人のための舞台から青少年の演劇を区分する唯一の事実は、観客が子どもであるという事実である。(Schonmann, 2006: 16)

この差異こそ、また全てのもののなかで最も抜本的な差異として見るべきだろう。ションマンは情熱をこめて、次のように示唆し、主張する。

> 私はこの見解こそが、青少年演劇それ自体が1つの演劇ジャンルに発展するのを妨げる最も重要な理由として見ている。この考え方が、若い観客にふさわしい芸術パフォーマンスの新形態を探る際、俳優と演出家の想像力とその好奇心に麻薬を施してきた。(2006: 17)

観客の差異は、言い換えれば、全てのものの中で最も抜本的かつ重要な差異である。なぜなら、質の測定は、青少年の観客にふさわしい特定の形態と、認知のあり方に則して設定される必要があるからだ。フィリス・ラットリー[Phillis Lutley] は次のように書く。

> 芝居なのだ——単純化された大人の芝居ではなく、子どもは単純化された大人ではない——だが、我々が信じるべき類の芝居こそ、幼い子どもにとってふさわしい。(Lutley and Demmery, 1978: 1)

61

ここで質の主張は現在形となる——芝居であり、低くもないし、差異もない——。しかし、また子どものための演劇は、それ自体であり、既存のモデルやメソッドから調整されたり、貶めたり、単純化されることなく、子どものために作られるべきという宣言である。

　もちろん、児童演劇の水準が異なるものと同意されると——助成の圧力や形態の歴史ゆえに——まず疑いなく、水準もまた低いものとなる恐れがあるからだ。これを踏まえた上で、多くの児童演劇の質が問題視されてきた。例えば、ガードナーは、本と演劇において、子どものために作られた多くの作品に甘く鼻につく感傷的なノスタルジアを見いだし、「我々は大人をそんな風に扱ったり絶対にしない。家族向けだからと、誰が注意を払います？」と述べる(2002: 34)。

　学校巡演の公演の場合に確かなことは、限られた資源で運営され、低い基準で活動し、幅広い年齢層を横断して作品を届けることが求められることである。その結果は好まれず娯楽にならないわけではないが、多くの児童演劇の「質」に疑いを抱く人々にとって、至極まっとうな答えは、その実際の観客による即時的成功であり、楽しみであることは疑いない。もし、子どもが体験を楽しんでいるとしたら、確かに純粋な良き楽しみとして間違いではない。それで何がさらに問われるのか、どこまで主観的な趣味や、どこまでが階級やエリート主義によって動機づけられる不満なのか？　演劇の観客の滋味、豊かさ、独自性、あるいは可能性は、ここにおいて適切なのである。問題なのは、観客としての青少年の観客の能力と性質についての我々の認知と、我々の観客に対して望むものである。

青少年の観客を尊重する

　子どものために作られた演劇の全てが質の高いわけではない——全ての大人のための演劇もそうだ。しかし、子どもを単純化された大人だと誤解していないし、2つの形態が同じ、あるいは同じである必要があるとも信じていないが、子どものため、大人のためであろうが、演劇の公演に対して私たちが抱いている野心という点から、もう少し質について考えるのは重要である。

　児童演劇で最悪の習慣として描かれるものを考えると、観客参加、大音響、効果的に観客を混乱させ、過呼吸の状態に追い込むもの等をあげられる。大人の

演劇と同様、より一般的には娯楽と同様に、セックス、暴力、スペクタクル、名人芸であるかどうかにかかわらず、公演が直ちに楽しければ、やりおおすことも何も届けなくとも可能である。ほとんどの大人の演劇や娯楽は、その観客に非常に限られた要求しかしない。椅子に座り、観るだけであり、大部分は受け身の体験である。

　これは主観的な問いであり、主観的な認識の組み合わせだが、多くの娯楽が明示的にそれ以上の何もしないと言っても、かなり合理性がある。そして、その野心の範疇で、単なる娯楽で何も間違いはない。児童演劇と同様に、それ以上の何も主張したり求めたりしない、単なる娯楽で抜本的に何も間違いではない。しかし、何も間違っていないことは、そこに制限がないわけでも、さらなるものが可能でないことでもない。

　児童演劇は、とりわけ過去、しかし今日においても、尚、しばしばそれ以上何もしないことで我慢してきたという示唆がある。私たちが基本的作品で我慢するのなら、それは幼い子どもの能力についての私たちの認識を何も語らない。これが青少年の観客にとって、子どもが多くを必要としない、機微を理解しない、あるいは積極的に多様性を享受しないために、より多くをすることが不可欠ではないことを示している。ガードナーは、児童演劇の多くにまつわる質の低さの主な理由の１つは、「子ども自身に対する私たちの姿勢と幼年期のコンセプトと構成概念」にあると論じている(2002: 23)。言い換えれば、私たちの社会において、子どもは感傷的に見られ、沈黙させられ、周縁に追いやられる。子どもの観客の能力に対する尊敬の欠如は、子どもにそれ以上の価値がないことを意味する。ロンドンのユニコーン劇場を創設した児童演劇のパイオニアのキャリル・ジェナー [Caryl Jenner] は、私たちがしばしば子どもの認知力を低くみなし、子どものための文化的産物を単純にし過ぎる、あるいは一面的に過ぎるものにすると示唆する。対照的に、ジェナーが要求するのは、私たちが子どもの観客の能力と野心を尊重することである(Ford and Wooder, 1997)。それこそが野心であり、私たちが児童演劇において質の目印として用いることができるのは、その観客の能力に対する尊敬なのである。製作されている作品の中で、質を私たちに識別可能にするのは、この要素なのである。

　ブライアン・マクマスター [Brian McMaster] が、2008年の『芸術のエクセレンスを支援する [Supporting Excellence in the Arts]』報告書で、芸術の質の本質をいかに明瞭に表現したかは特筆に値する。マックマスターは意識的に、

エクセレンスの定義を試みる役割を受けいれ、次のように綴る。

> 文化のエクセレンスは、複雑な意味をもち、統合し、私たちに周囲の世界についての新たな洞察と理解をもたらし、私たち個々とって適切なものとなる。私が耳にした最良のエクセレンスの定義は、体験が個人に影響し変化をもたらす時に生まれる文化におけるエクセレンスである。エクセレントな文化体験は、生活の根本に向かうのだ。(2008: 9)

　同報告書は、子どもにほとんど言及していない。マックマスターは議論において、明示的に児童青少年のための芸術を含むかをどこにも記していない。しかし、彼のエクセレンスの発見は、児童演劇に関しても声明として、同様に、適切で役に立つ。私にとって重要なのは、マックマスターが「体験のエクセレンス」に質をつなげ、それが抽象的なものでもテクニカルなものでもなく、観客の関与の性質を意味することである。文化体験の質は、私たちに知的に、想像的に、感情的に関わらせることで、そのアフターライフを確実にすることなのである。芸術の作品における質の目印は、私たちにより長く模索させるその能力なのである。これは確かに大人のために作られる演劇の事例であり、私たちは同じ野心を子どものために作られる演劇にも抱くべきなのだ。

　幼い子どもが複雑で微妙な演劇公演を理解し、応答しうることは、子どもと活動したことのある多くの実践家が証言として主張する。例えば、ウェールズの演出家ジャイン・ブーン [Jain Boon] は幼い観客たちとの上演後のディスカッションの経験を思い起こし、「この幼い子どもたちがどのように登場人物の思いや感情を表現し、理解していることにいつも驚きます。子どもは語られなかったことを拾いあげることもできるのです」(2005: 175)。公演を解読し、フォローする子どもの能力は、この領域に働くものにとってすら、いつも驚くべきものであることは、おそらく、ジェナーが表現する観客を低く見なしたい誘惑の兆候である。この演劇の能力の広がりと程度は、本書の後半の章で探求する。

　児童演劇の問題は、それゆえに、ある程度、私たちが子どもをいかに見るか、私たちが子どものために抱く野心の問題となる。最も直接的に、観客の一員として、同時に、思考し創造的な個人として。野心としての質は、演出家が観客に何を見せられると信じているかだけでなく、観客が公演に対しどれだけのものをもたらしうるのか、そして、その後、彼らがどこまで旅していけるのかを、

演出家が信じているかにつながる。これはフィリップ・プルマンが、演劇とテレビや映画と比較して書いた、本書に掲載した文章が表現するものである。それが生のパフォーマンスの限界であり、体験に命を吹き込む観客によってなされる作業とともに重要である。

　児童演劇の質が媒体それ自体と関連するかどうかは、少なくとも、公演の明示的な内容に関係する。言い換えれば、その空間に、その時間に、そこにいる観客に求められているものは何か？　この演劇はどうなのか？　どれだけはっきりと演劇が意味することと、演劇の全部の特徴と可能性を使うこと、他の形態やメディアではなく？　さらに、幼い観客を尊敬することにおいて、子ども自身の媒体に対する意識や理解、なぜ自分たちは演劇を観ているのか、媒体そのものについての子ども自身の省察を考えることは確かに価値がある。

　児童演劇の野心は、観客を尊敬することであり、見下すことではない。それはまた観客を働かせ、観客の想像力をもって公演に貢献させること、それにより観客が考え、感じることである。このことはまた、幅広いトーン、感情、感覚を含み、全ての答えを提供することでも、物事を一次元的に、あるいは単純にすることではない。ユニコーン劇場の芸術監督（当時）トニー・グラハムは、「敵は、想像力不在、安全、役に立つといった、減じさせる傾向である。我々の仕事は単純化させないことだ」(2005: 39)。

　それゆえに、児童演劇の野心は、消費者の受け身の観客を、積極的な観客に変容させることにある。直接的な観客参加である必要はないが、感情的、知的な関わりである。関与 [Engagement] とは、演劇という遊びと人生の探求両方なのである。その結果は、クラークが書くように、単純な娯楽以上のものであり、さらに長く残り、もっと多くを意味する。

　　あたかも大人のように、子どもは意味を見いだすために一生懸命に取り組めば取り組むほど、イベントへの関わりを高め、その効果を長く残す。思考、概念、解決は、複雑で、困惑させる不快な状況から生じる。薄っぺらの戯曲、陳腐なテーマ、明快なメッセージ、さらに欠乏や皮肉、両義性が、ダメな演劇を促進する。(2002: 29)

　同様の見解は、ジーン・クレインによって、彼女が児童演劇の野心であるべきと信じるものについての発言で表現されている。そこで彼女は「精神的投資

を求めない逃避主義者の娯楽」を提供する以上の目的を持つ必要性を述べている。その代わりとして、彼女は子どもが「深く心を動かす体験をもち、記憶のなかのこれらの体験からイメージを抱き、そして彼らが次の演劇のイベントに参加するときに批判的に考えるべき」だと語る(1993: 13)。

演劇としての演劇

　芸術のなかで児童演劇が二流の位置づけを占めてきた一方で、その価値と可能性を真剣に信じる人々もいる。最良であれば、児童演劇は、最も想像的で、挑戦的、報いうる演劇の形態なのである。劇作家ジョー・クリフォード［Jo Clifford］[16] が述べるように、「おそらく真に大切な挑戦は、最良の児童演劇同様に優れ、同様に深く、同様に心から楽しめるように大人の演劇を創造することである」(2000: 72)。それゆえに、青少年とともに、青少年のための作品を創造するという観点からそうすることは、ポジティブな選択、とりわけ要求の多く、報いを与えてくれる観客にスリルを与え、楽しませるために、望まれる興奮と創造性により刺激されたものである。

　この実践家と創造体の側での児童演劇の製作と企画は、演劇として演劇に関わる芸術の共同体の中で、運動や関心として表現される。これこそが活動そのものが楽しく、報いのあるものにする原初的な動機を持った創造的体験に焦点を置いた活動として、演劇を生みだす芸術の共同体なのである。これが本書の次のセクションで提示される研究の焦点であり、演劇を演劇として見る体験に対して、幼い子どもたちの応答を探っていく。

16　ジョー・クリフォード：劇作家。本名はジョン。トランスジェンダーで苦しみ続け、2005年、理解者の妻の死後、性転換を行い、女性として精力的に劇作を続けている。

目の高さ
ペーター・マンシャー ＆ ペーター・ヤンコヴィッチ

　私たちは過去30〜40年以上にわたり、デンマークの児童青少年のための演劇創造にひとつのアプローチを発展させてきた。私たちはそれを「目の高さの演劇」と呼んでいる。以下の引用は、デンマークの「目の高さ」についての全体的なコンセプトの2つの意味を、とても正確に総括するものだ。

> 我々は子どもたちが最も高い質の演劇への権利が与えられていると信じている。
> 子どもには、大人同様、生と死についての我々の思いを分かちあう必要がある。
> 子どもが理解するある種の健全な物語であり、単なる安物の既製服ではない。
> 舞台上で、まさに子どものまえで登場人物と共感し、楽しみ、驚き、笑い、泣くこと。
> 目的は、シンプルな装置で、演技を照らしだす作品を作ることにある。

　私たちは一度に、限られた数の観客のために上演する。一人ひとりの子どもが感じなくてはならないのは——上演中も後も——「……もし、ここに自分がいなかったとしたら、作品は違ったものになっていたかもしれない」ということだ。

　このように、目の高さというコンセプトは、哲学的にも、物理的にも作用している。

　デンマークの全ての児童演劇は、パフォーマーと観客のあいだに対話を創り上げる。パフォーマンスの中で具体的な対話を行うことではないが、つねに子どもと大人のあいだの哲学的な出会いの場を作ろうと、試みる場として対話する——体験を分かち合い、何かお互いから学ぶために、物語と相互に関心を抱く問題について、「目と目」を合わせるのである。

　物理的な出会いの場は、通常、劇場ではなく、体育館、図書館、教室、文化センター、あるいは幼稚園といった、子どもたちの日々の環境である。そのために、装置は、容易に、搬入出できるものである必要があり、技術的な必要条

件は、そのような場で一般的に可能なものを越えてはならない。

　実際的なレベルにおいて、これが意味するのは、俳優が高い舞台の上で演じることはほとんどなく、むしろ床の上で演じることを好むことである。大人数の匿名の観客の前ではなく、私たちが見て、関係を作れる少数の観客と、直截的に「目と目」を合わせるのである。

　個人的には、子どものための演劇のパフォーマンスを見た後で、5番目の列にいた7歳の子どものコメントが特に気にいっている。「これは私のためのもの。これは、まさに私が観たかったものだったの。でも、見るまではわからなかっただけ」。これこそが、おそらく私たちの最良の仕事なのである。

　　　ペーター・マンシャー　2011年ASSITEJ世界大会事務局長／テアターセントラム
　　　（シアターセンター）フェスティバル・プログラマー
　　　ペーター・ヤンコヴィッチ　テアター・ランペ（デンマーク）作曲家・ドラマツルグ

part 2
演劇という体験

第4章
子どもの生の演劇体験を研究する

　第1部では、演劇／生のパフォーマンスとの早い段階での出会いが、しばしば児童青少年の幅広い社会的、文化的、創造的な発展にとって、価値ある体験となると示すものを探求した。幼い日の体験が長期的な演劇の享受に決定的だと見なされているからだ。望みは——必ずしも満たされないが——このような出会いが、演劇鑑賞という文化的ハビトゥスを発展させ、芸術が自分のものだという感覚を内在化させることである。

　演劇のもつ幅広く教育的、社会的、文化的便益を提供するという役割を果たす可能性が、結果として研究を増加させる。この研究は、本来、公式・非公式の教育、創造性の促進、未来の観客を築く、社会・文化的進展のツールとしての、演劇の直接的あるいは間接的活用を探求している。このような研究はたいてい演劇の生の体験を無視する。実際の観客は、将来に役に立つからと演劇を体験したりしない。代わりに、演劇は演劇として体験される：楽しみと感情、解釈と評価という観点から応じられるのである。

　幼い観客にとって、実際の演劇体験が演劇として何を意味するのかについてや、実際、全体として演劇の観客としての体験を明らかにする現場ベースの質的調査は、ほとんど存在していない。観客に語りかけることは、ヘレン・フレッシュワーター [Helen Freshwater] が『演劇と観客 [Theatre and Audiences]』で描くように、演劇研究の「より選ばれない道」なのだ (2009:27)。学問のコンテキストでは、観客論の大半が、多分に理論的展望の形をとる (例えば、1997年のベネット Bennett)。しかし、青少年と子どもの演劇体験の質的に探求する研究は存在しない。例えば、ジョン・トゥロック (2000) は、第2章での議論において、10代の演劇体験がいかに学校と教育的コンテキストにより方向づけられるかを探った。ウィルマー・ソーター [Willmar Sauter] の著書『劇的イベント [The Theatrical Event]』(2000) は、小学生の演劇体験の調査に関する短い章を含ん

でいる。これは第5章でより詳細に探っていく。合衆国では、ジーン・クレインが、何年もかけて、子どもの演劇に対する審美的応答を探求してきた (1987、1989、1990、1993、2005年)；シフラ・ショーンマンの2006年の著書『児童青少年のための媒体としての演劇 [Theatre as a Medium for Children and Young People]』は、この領域の唯一の単行本である。ショーンマンとクレインの研究についても本書で後述しよう。

　子どもの演劇体験に関する研究の不在とは対照的に、子どもが演劇上演に出会う際、幼い子どもと関わる教師や両親、演劇実践家らの逸話的、体験からの知は数え切れないうえに、多くの未収集の物語が存在する。以下の章で示す素材は、詳細で慎重に体系化された質に関する観客研究を通して、この逸話的な知への補足を試みる。この研究の大半は、児童のグループが関わった参加型美術ワークショップで行われ、そこで得た洞察を深く探求する。しかし、まず最初に、以降の分析の性質と質を明らかにするために研究目的と方法論を問うことにする。

生の体験

　本書の研究と分析は、子どもの生の演劇体験に集約される。子どもが何を覚え、いかに子どもが意味を、自身が語る物語を、そして自身が所有する知を形成していくかである。子どもが演劇を見る時、私たちは子どもが楽しみ、啓発され、教育され、鼓舞されることを望み、期待するだろう。私たちにとって役に立つ公演を語り合い、公演とは違ったことも語る。言い換えれば、公演だけでなく、公演のもたらす体験に私たちの関心はある。このような体験を明らかにする体系だった試みは、メディア＆カルチュラル・スタディーズでも民俗誌学[1]的観客調査として表現され、「生の体験としての文化的実践」を探求する経験主義的研究として定義される (Geraghty, 1998:142)。このアプローチの演劇への導入について、ヘンリ・ションメーカーズ [Henri Schoenmakers] は、民俗誌学的アプローチが「観客自身がより重要だと思った演劇経験」への洞察をいかにもたらすかを説明する (1990:98-100)。

1　**民俗誌学** ethnographic study：様々な人々の生活をフィールドワークで聞き取り、記述し、体系化する実践的行為と考察を意味する。

生の体験を考えるにあたり、知が遭遇と体験に根ざすと述べる現象学的哲学の考え方に従った。現象学は「我々の体験にもたらされ、体験に現れる事物と事象の学問」である (Burnard, 2000:8)。この世界観のもとで、はるかに意味があり本質を明らかにする素材は、受けいれるだけの容器、または不活発な消費者として扱うのではなく、参加者とその自己と体験の意識的な知とともに活動することから生まれる。体験は個人によって能動的に形成される：劇場にいるという現象学は、自身のための体験と関与を個々人に求めることを通してのみ見いだせる。

　それゆえに、この研究が強調するのは、子どものための演劇の教育的・社会的便益ではなく、体験の認知である。幼い観客メンバーの劇的スペクタクル、程度の異なる幻想と現実、演劇的技術や約束事についての体験に焦点を絞っていく。議論が求めるのは、子どもが演劇体験をどのように覚えていて、それに対し、想像的、知的、感情的に応じるかについての私たちの理解の向上である。提供される洞察は、芸術提供者と教育者に対し、子どもの演劇的関与についての自身の知を高めることを応援するものでなくてはならない。

美術ワークショップ

　観客の演劇体験が持続する記憶の中で何を意味するかを解きほぐす際、難しいのはもちろん、いかに正確にその意味にアクセスし、明らかにするかである。見知らぬ者が冷やかに近づき、美術や演劇の体験について話せと求めれば、ほとんどの人は少し躊躇い、非協力的で関わろうとせず、おそらくは疑念を抱く。子どもの場合、この要素は強められ、ありそうな回答は短く詳細の欠如したものになる。幼い子どもがいかに演劇に応じ、記憶し、関わるかの豊かで詳細にわたる描写を得るためには、それゆえに、子どもの理解の程度、関心、特別なスキルや能力に関与し、自信をもたせる適切な方法を採用する必要性がある。このような適切性は、人が関わる全ての研究において重要だが、とりわけ、子どもとの活動では致命的である。解決策は、子どもと関わり，子どもの最近の演劇体験を探る手段として、美術ワークショップ、子どものお絵かき、その絵についての対話を用いたアプローチだった。

　お絵描き [drawing and painting] という手法を使うことで、研究参加者と交流する様々な視覚的・創造的ツールを用いる訓練として確立したアプローチに

頼った。法医学的証拠の収集、臨床心理学ならびに市場調査の範疇における「投影法」を含む；メディア・スタディーズの範疇における創造──省察法 (Gauntlett, 2004) であり、アート・セラピーの範疇における絵画の長く確立した使用法である。このアプローチは、直接的な質問に応じる際に、人々は気が進まない、意識的に本当の態度や不快感情を明らかにできない場合がある、という考えにより動機づけられる。この困難に対処するために、例えば、連想クイズ、文章と物語の完成、写真の並べ替えとアートといった様々な刺激を通して、参加者が自分の感情や意見を投影するように設計された手法を用いた。

　研究の参加者は小学生であり、お絵描きと美術の活用は、とりわけ適切と思われた。子どもが馴染んでいて心地良いであろう適切な表現手段だからである。子どもの自己についての感覚と、子どもの交流のレパートリーの中でお絵描きの中心性は、様々な教育法を超えて強調されている；絵を描くことは、大人にとって以上に、子どもにとって異なる種類の活動なのである。ピア・クリスティンセン [Pia Christensen] が述べるように、「全ての」子どもが、子ども自身、お絵描きが得意だと思っている。特殊ではなく、日常の活動なのだ (Christensen and James, 2000:167)。この認識は概括的には大人とは正反対である。同時に、絵を描く能力は、もちろん、子どもの発達段階により大いに影響される。本研究にとって、それゆえに、とりわけ表象のスキーマの活用に関して、視覚的認知の能力と子どもが発達させるコミュニケーションの段階を意識することが不可欠だった。

　ワークショップは、絵を描くことの周辺に限定し、学校や授業の宿題とは違うように位置づけられたために、子どもが即座にお絵描きと美術の素材に関わることはわかっていた。ワークショップは、ウォームアップのお絵描きゲームから始められた。例えば、歩きながら線をひく、一筆書きで自画像を描く等である。私と他のワークショップの指導者らは、子どもへの異なる絵のスタイルや能力のモデルとして、自分の絵を用いてゲームに参加した。そして、私たちが彼らと最良を尽くす以外に、お絵描きの能力を比較することに関心がないことを説明する機会を与えた。ほんの少しだけお絵描きという課題への異論に直面したが、子どもはたいてい非常に満足していた。例えば、このコミュニケーションにおいて、グループとしての子どもたちは、お絵描きの能力について同級生の懸念に次のように答える。

　　マーク：　　もし僕らが上手にお絵描きできなかったらどうなるの？

ゾーエ：	それは本当に重要じゃないの。
ジョディ：	ただ一生懸命やるだけ。
ジャック：	イエーイ！
ロビー：	自分のペースでいいんだ。

　この手続きに続いて、ワークショップの大半は、何ら制約しない自由なお絵描きの時間で構成された。演劇パフォーマンスの記憶からひきだされた絵をはぐくむ機会を、子どもに提供することを意図したからだ。私たちは非限定の要求ではじめ、「パフォーマンスで覚えているものを描くこと」を子どもたちに求めた。

描くことと話すこと

　子どもが描くにつれ、私たちは部屋を歩きまわり、子どもの作業する／描き終えた特定の絵について、１人ひとりに語りかけた。それから、パフォーマンスについて、自分の絵について話すように求めた。私たちの子どもとの会話は、しばしば意図的に、開かれた誘導しない質問や、子ども、絵、または状況により導かれた会話で始まった。体験についての子どもとの会話を広げる方法として絵を使うことを意図した。

　この子どもの絵と話す内容とのつながりは揺るぎのないものだ。マルキオディ[Malchiodi]が述べるように、「絵を描くことは自然に多くの子どもをリラックスさせ、役割に専念させ、情報を分かちあいたいと、子どもが望むように導く」(1999:48)。同様に、アンジェラ・アニング[Angela Anning]によると、子どもにとって話すことと描くことには、密接な関係性が存在する。子どもはしばしば絵を描きながら、同時に、物語を語るからだ。このコンテキストにおいて、絵を描くことと物語を語ることは、子どもが「彼らの世界の体験の複雑さに秩序を与え、説明する」ツールなのである (Anning and Ring, 2004:5)。

　理論的にはかなり率直だが、重要なのは、とりわけ、私たちの質問と対話の性質のために、目的を達成するには、細かな準備を疎かにしてはならないことである。何人もの研究者が子どもに話しかける困難を綴ってきた。エリザベス・コーツ[Elizabeth Coats]は、子どものお話しと絵の関係性の議論で、子ども（とりわけ３−６歳の幼児）が絵を描いているあいだに、子どもは独り言を言いながら生き生きした劇的で、自然発生的な語りと、後になってより正式に絵につ

第4章　子どもの生の演劇体験を研究する

(写真4-1)「あなたの絵についてお話ししてね」お絵描きワークショップで。
ファシリテーター＝アリソン・リーブス［撮影；ブライアン・ハートレイ］

いて話すことを求められたときに提供する「堅苦しくて身近な描写」とを対比している (2004: 8-10)。アート・セラピーのコンテキストで、ローダ・ケロッグ [Rohoda Kellogg] は、大人と子どものあいだの対等でない力関係は、たとえ本当の解釈でないとしても、子どもが大人の返答と評価を受容しうることの意味を述べている (Coates, 2004:7 引用)。シーラ・グリーン [Shiela Greene] が観察するのは、「子どもは正直でありたいという自分たちの願望よりも、もっと喜ばせようという欲求によって決められた答えをだす」ことだ (Greene and Hill, 2005: 9)。カレン・セイヴィツ [Karen Saywitz] は、インタビュアーらがすでに訊く質問への回答を知っていて、それに合わせるよう求めているのを、子どもがどのように推測するかを描いている (2002: 10)。それゆえに、問いと会話の技術の前提となる性質が重要になる。「好意的ながらも容赦のない質問」という学校モードに陥りやすい——そこでは「教師が質問し、子どもが回答する」(Anning and Ring, 2004:31)。私自身の質問で気づいたのは、例えば、子どものパフォーマンスの記憶を試し、子どもが特定の詳細な、または正しい記憶を持っていたときに、それに対し賞賛で報いるというモードに陥っていたことである。

このような記憶テストは、子どものポスト・パフォーマンス体験を高め、広げはしない——実際、パフォーマンスが固定され外的なものであり、過去形だと示し、逆効果になる。その代わりに、子どもが自身の見地から自分の体験を表現できる、複合的な言葉の応答を誘発する開かれた質問を用いるようにする。セイヴィツ [Saywitz] は、「自由回答」の問いとして、wh の問い (who, what, where, why, how) を用いることは、大人が特定の回答を意味することを避けると示唆する (2002:9)。しかし、私は「なぜ why」の問いは直観的だが、一般的に避けるのが望ましいことに気づいていた。「なぜ」の問いは、とりわけ、一人の子どもに大人が語りかける時、あたかも何らかの説明を求めるような、しばしば試験の類を意味する、あるいは試験そのものに陥る。「なぜこんな風に描いたの？」と尋ねることは、実際の創造あるいは思考のプロセスを反映しないイベント後の理論化を生みだすのである。

対照的に、「どうしてわかったの？」のような問いに、しばしば特定の価値があることに気がついた。この問いの本質——いいお天気だったって、どうしてわかったの？　王子様が悲しかったって、どうしてわかったの？　どうしてわかったの？……は、子どもが提供する回答が、子どもが話し、描いたものに戻し、適切なものになることを意味する。本質的に、問いは子どもに絵を描く際

の決定の背後にある理由を考えることを求め、またパフォーマンスに応答する際に子どもが用いるスキルを有効にひきだす。決定的に、それがまた、そのスキルを子ども自身に示し——内在化しうることも、無意識のこともあるが——自分の能力により気づかせるのである。

　アート・セラピーの出自からマルキオディは、少し異なるアプローチを示唆する。わからない、というスタンスを意味し、子どもに彼らの見地から絵を説明する機会を与えるために、質問者が絵の要素を声にだす（「この人は何を考えているのかしら？」）(1998:50-2)。

開かれた誘導しない質問：
　　　君が描いたものについて教えてくれる？
　　　この絵のなかで何が起こっているの？
遊び心のある解釈的で刺激をもたらす質問：
　　　この絵のなかの人々／動物はどう感じているの？
　　　もしお話しできたら、何を話すのかな？
　　　君の絵にどんな題をつける？

　このように私は、参加する子どもと関わり相互交流するツールとして、お絵描きを使おうとした。描かれた絵は、それ自体、体験の１つの証拠を提供するが、同時に、会話をひきだし媒介する道具ともなる。これは絵を描くことが子どもにとって魅力的で、かつ適切な方法だったからであり、そのことが解釈と分析に関して、潜在的に大きな課題を示した。視覚的表象の両義性、そして正確に、なぜ１つの絵がそう見えるのかの説明の多様性は、研究や参加型実践のいかなる部分においても非言語的テクニックの利用に対し、顕著なつまずきとなる。印象的なのは、子どもの絵を、事実的正確さをもって法的なコンテキストの証拠として用いる目的を持つと、「子どものすること（描くこと）の解釈は、子どもの話を聴くよりも、かなり危険である」(Pipe et al, 2002:170) と認識されていることだ。

わからないということ

　このような課題と直面し、子どもとのアート・セラピーの現在の潮流は、視

覚的産物の内容を、その外見だけで解釈しようとする、アートの診療的利用からは距離をとってきた。その代わりに、子ども自身の言語化とその絵の討論を通して、子どもの絵を探るアプローチに向かう (Malchiodi, 1998:41-43)。言い換えれば、子どもは自分の絵について話すことを求められ、セラピストは専門的分析者ではなく、子どもが作り上げた視覚的産物の主要な解釈者になる。このお絵描きとお話しの組み合わせが、この研究の方法上の鍵を形成するのである。絵それ自体はとても印象的・挑発的で、異なり、興味をそそり、差し迫ってくる。それが記録された会話以上の価値を絵に置くように誘惑する。しかし、結果の分析において、あるいはワークショップ自体のプロセスのいずれも支配的であると認知されるべきではない。というのは、私は美術ワークショップと書いたが、実は、プロセスはお絵描きとお話しの組み合わせだったからだ。子どもは、絵を描くことと、配慮された問いと誘導的な対話を通して、その体験に関わったのである。

　関連する論争では、他の研究者らは、大人の優越する専門性の主張で、子どもの所有する知を覆すのではなく、子どもの所有する知を認識することの重要性を主張してきた。この倫理的重要性は明白であるべきだが、これは方法論と認識論の目的とを結合させる。モロウ [Morrow] とリチャード [Richards] が指摘するように、もし私たちが子どもに対し、子どもの絵に託される意味と感情に語りかけるなら、それにより私たちは「子どもが所有する才能」とも関わる (1996:100)。同様に、ベリー・メイオール [Berry Mayall] が述べるのは、もし目的が子どもの認識と生の体験を理解することなら、子どもがすでに持っている知を認識し、働きかけることがきわめて重要ということだ。少なくとも、実験において、それが意味するのが子どもであることについて。

　　　私は子どもに直接的に、子ども性 [childhood] を理解するために、大人である私を助けてくれと求める。私は直接的に子どもを調査したい……私は子どもから彼らのユニークな知を獲得したい……私は自分が一人の大人として、この知をもっていない。(2000:122)

　アントワーヌ・サン＝デグジュベリの『星の王子さま』の寓意は、大人が自分たちでは子どもの視点からの世界を理解することができないために、子どもはそれを大人に説明する必要があることの説明に役立つ。私たちのワークショッ

プで、私たちが伝えようとしたのは、まさにこの関係性だった。私たち自身も公演を観ていたが、大人として私たちは、子どもとして、また劇が想定した人々としての子どもが考えたことを知りたいと説明した。「わからない」のポジションを採用する研究者・セラピストについて、キャシー・マルキオディ [Cathy Malchiodi] は、この関係性を明瞭に表現する。

> クライアントをその人自身の体験において専門家と見なすことで、セラピストにとって新たな情報や発見への開放性が、自然に展開する。わからないというスタンスをとることは、子どもの創造的経験と芸術表現づくりを個人として尊重することになり、様々な意味を持たせることになる (1998:36)。

　方法論的に、参加者に自分自身のデータを解釈するよう求める重要なテクニックの利用は、倫理的な重要性をももつ。それが「データ収集と分析の時点における研究者と研究対象者あいだのアンバランスな力関係の倫理的な問題を消滅させる一歩になりうるかもしれない」からである(Morrow and Richards, 1996:100)。このアプローチが重要なのは、方法論的かつ認識論的強みをもった研究倫理において、尊敬と優れた実践の質問のあいだに、開かれた相互支援の関係性を続けるあり方であるからだ。言い換えれば、研究者の「わからない」の姿勢の採用は、優れた倫理的実践であり、優れた知的実践でもある。子どもを自分の芸術作品と経験の専門家として認める、「わからない」というマルキオディの前提は強く主張され、この研究のための重要な方法論的な里程標であり目標である。

倫理的かつ参加型問いかけ

　それゆえに、ワークショップの理論的根拠は、感情と態度がより啓発的に伝達され、脅かすことのない仲介的活動としてのお絵描きを通して、子どもが研究参加者として関わったことである。この活動を通して、また無意識、または気づくことのなかった個人の体験の側面を探ることも可能になる。大切なのは、子どもがひきだしたものを反映させるために、次のステップは率直で詮索好きで、ときに遊び心を持った会話に参加を求めることだった。このように研究参加者は、自分が作り上げた芸術作品の最初で、最も重要な解釈者になった。仲介する創造的なプロセスを通して、そして、これに時間をかけることで、研究

は参加者の即時的あるいは表面的な応答であるよりも、省察的かつ関与した考えと応答にアクセスできるようになった。

　このことで研究は、完全に関与し、知らしめられた個人としての人々と活動する価値を主張する、参加型あるいは協働型問いかけのコンセプトをもひきだした。参加型の方法論は、彼らではなく、個人とともにある研究を進めることを求め、人々を巻き込む研究を遂行する倫理的かつ社会的責任を認識し、応える (Heron, 1996:19-35)。このことを考慮し、研究ワークショップは、つねに私たちが何を行っていて、なぜなのかを説明することから始まった。これは短く、参加者を圧倒し、困惑させない方法で行った。私たちはまた一人ひとりの子どもに求められた場合には、つねにさらなる説明を与えた。幼い子どもともに完全な参加型の研究を遂行するための多大な困難は認識されなければならない。とりわけ、学校のコンテキストで、モロウとリチャードが述べるように、子どもが異議を唱えるか、参加しない立場にあるかの問いが残り続ける (1996:101)。子どもの保護者の書面による同意は不可欠であり、ここで述べる研究のための標準的な倫理的手続きではあったが、子どもをエンパワーすることについては、多分に、倫理的意味はもたない。たしかに、それは進行中の子ども自身との参加についての暗黙の交渉よりも重要なことではない。フッド [Hood]、ケリー [Kelly]、メイオール [Mayall] が描写するように、「インタビューの前だけでなくその最中にも行う」のである (1996:124)。

　私たちの研究は、実は、社会学研究のもう１つの標準的な倫理の実践とは異なっていた。匿名性の保証は、ほとんど自然に位置づけられた。匿名性の可能性と意味を省察することがなくても、それは優れた実践だと見なされる。匿名性は研究によっては明らかに重要だが——とりわけ安全性と秘匿性を確保するために——そのことが参加者の力を奪う。匿名性は、文字通り、研究成果から、現実の人々を消し、ある意味では、参加者の経験と発言の所有権を、専門家と名前の挙げられた研究者に移すことになる。私と他の研究者の経験が示唆したのは、参加者、とりわけ子どもだが、匿名性の賦与に対し憤るか、理解に失敗しかねないことだ。アート・セラピーや福祉のもとで実施される活動とは異なり、お絵描きやインタビューを通して繊細あるいは根深い個人的な問題を探るものではない。代わりに、パブリックな演劇作品に対しての子どもの応答を明らかにすることだからだ。

　結果として、私たちがこの研究を頒布した際——全ての参加校に送った報告

第4章　子どもの生の演劇体験を研究する

書においても——子どものファーストネームを掲載した。この意味は、名字と
学校の詳細は含まないが、他の誰でもなく、子どもが自分で判別できることで
ある。子どもは自分の発言と美術作品の所有権を保持できるのだ。ワークショッ
プの最後に、私たちは子どもに参加してくれたことに感謝し、さらに子どもが
描いた絵と対話を再現し、掲示する許可を求めた。全ての芸術作品はそこで記
録され、原画は子どもに戻された。（これに関する有用な議論はグエンサー
[Guenther]（2009年）を参照のこと）。

　モロウとリチャードは、子どもとの研究では、「尊敬」こそが、それ自体、方
法論的テクニックにとって不可欠と示唆する(1996:101)。この研究のために採用
された鋭敏で、優しく、年齢への適切性、創造的で面白い方法がこの目的を充
たした。しかし、これが研究者と研究対象者、大人と子どものあいだに、いま
だ存在する力の不均衡を取り除きはしないが——メイヨールが描くように、「大
人の中心的な特性は、子どもに対する支配力」(2000:121) である——不均衡の兆
候のいくらかに対処する望みとなる。

　私たちの方法論は、参加型問いかけのもう1つの信条に従った：参加者自身
が研究のプロセスから何かを得る重要性である。これは多くの形態をとる。自
己知、新たなスキル、新たな認識の感覚を参加者が得るかどうか。私たちが望
んだのは、このプロジェクトに関わった子どもが、自分たちが観たパフォーマ
ンスに対してより深い応答を得る、また自身の経験に大いなる感覚を得ること
だった。これは本当に起きた。ワークショップが、また子どもの演劇的体験と
の関わりを増やし、教化するためのツールとしてのお絵描きの活用を探求する
モデルを提供したのである。これについては第3部でさらに議論しよう。

　しかし、主たる目的は、参加者が参加することからの楽しみ：お絵描きから、
子どもに可能な素材と時間からの楽しみ、そして、私たちが子どもの絵と体験
に与えた関心と尊敬からの喜びを得ることだった。このような倫理的な研究と
方法論的実践に根差した方法論的概念によって導かれ、私たちの目的は、研究
にとって有効であるとともに、子どもにとって楽しく参加でき、報いになるワー
クショップを運営することだった。絵を描き、絵について話すことでもたらさ
れた調整され省察された応答が、子どもが自分の演劇体験に対し、いかに応答
し覚えているかの分析と詳細な描写を可能にするのである。

81

データを分析すること

　次章以降で示される素材は、演劇公演の後に行われた合計11回の美術ワークショップから生まれたものだ。エディンバラとウエスト・ロシアンの3小学校から合計98名の児童が参加した。学校は子どもが所有することが期待される観劇体験レベルの範囲内で選ばれた。それぞれの学校が当該の公演にふさわしい年齢の観客を提供し、子どもがパフォーマンスを観た後、できるだけ早くワークショップが行える学級が選ばれた——その日のうちに、たいていは3日以内に。ワークショップは参加者が観た、特定のパフォーマンスに対する応答と、子どもがその最近の体験においた価値、意味、解釈を探るために計画された。結果は250を越えるスケッチと絵、40時間を越える録音を含む、きわめて豊かで幅広い大量の素材の誕生だった。

　その豊かで多様な性質を通して、生の体験に対する批判的な洞察を生む可能性をもつものの、この種のデータをいかに解釈し利用するかには深刻な問題が残る。というのは、素材の圧倒的なスケールが、手法とデータを縦覧のための開示を、少なからず難しくするからだ。必然的に、いかなる出版、報告書も、証拠を支える主要な素材の抽出であり、断片を提供できるに過ぎない。この結果が、ディヴィッド・シルバーマン［David Silverman］が書くように、「批評眼をもつ読者は、研究者が自分の議論を支えるデータの断片だけを選んだかどうかを考えざるを得ない」ようになる (1993:162)。

　いかなる質的な観客調査の性質と特徴は、また幅広い応用と一般化の制限に関して、問題を呈する。参加者とより幅広い住民とのあいだに関係性を作ることは可能だが、統計的に調整された量的研究の事例がそうであるように、直接的な人口統計学的な関連は存在しない。加えて、質的研究は、典型、平均値あるいは多数派に集中する傾向をもつが、この自然な量的研究は、自然と確固とした体験についての独特なもの、コンテキスト、細目を照らしだす。このような方法には、明らかに、数限られたサンプル、真に代表するものの欠如、本質的に曖昧なことから被る限界がある。

　1つのオプションは、民俗誌学的な素材の豊かさを祝す代わりに、コンテキストの独自性、研究のもつ主たる限界、全ての世代を意図的に避けることを強調することで対応することだ。例えば、ションメーカーは、次のように描き、質的データから幅広い応用まで拡大する困難に対応する。

経験主義の研究は、一般的な提案を当然めざしてはいない。多くの経験主義的研究は、実は、観客 [audience] 参加と、特別な時間と特別な場所での見者 [spectators] の受容を描き、証拠書類を作る。(1990:102)

　同様に、クレインは、「人口の大半や演劇媒体それ自体に関する思惑以上に、ある特定のパフォーンスに関しての個人的な趣向や組織を反映する」と述べ、彼女自身の経験主義的な観客調査の特殊性を主張する (1987:10)。

　しかも、同時に、このような態度はあまりに寡黙で、素材を解読する誰もが自分自身の一般化を発展させるという全ての警告にかかわらず、「完全に理解しうるものであり……学術的作業は結局、関係性を作り、一般的な主張に関するものとなる」事実を無視する (1998: 154)。次章以降で示されるデータ分析は、この両方を少しばかり探る。つねに特殊なものではじめ、子どもの典型的な応答だけでなく、例外や印象的なものをも検証する余地を提供する。つねに子どもが観た特定のパフォーマンスの体験から始めていく。しかし、要約と概観を示すにあたり、より幅広い応用をもまた紹介し、特殊なものから一般的なものに解読する可能性を持ちだそう。解読者は、疑いなく、より幅広い一般化を求め、発展させることにおいて、自分の知識を応用することを望んでいる。そして、素材の豊かさと、アプローチの確固とした方法論上の基盤が、そのような解読を可能にすることを私は期待している。

　研究で用いられる方法論的アプローチは、必然的に、集められた素材の性質と、導かれる結果に影響を及ぼす。この創造的な観客調査の方法とプロセスは、とりわけ特徴的で挑戦的なものだったために、その詳細を探ることは重要だった。上手くいけば、プロセスは何が何故なされたのかについての無味な詳細以上のものとなる。方法はプロセスなのである。「私たちが持ちうる大人との、世界との会話を形成する。方法は、言い換えれば、私たちのストーリーテリング技術の根本的な部分である」(Morrison, 1998:3)。生の体験の研究についての私の議論は、以降の章で語られる幼い観客についての物語の性質について多くを明らかにする。

第5章
演劇的幻想と物質的現実

　フィリップ・プルマンが指摘するように、演劇の幻想は決して完結すること
はない。

　　（演劇には）限界がある。本物の部屋ではなく、キャンバスに描かれたもの
　　だ；そう見えても、本物の男の子ではない、小さな木の人形なのだ。だが、
　　その限界こそが観客にそのギャップを埋める余地を残す。我々はこれらの
　　ものを本物だと振舞う、だからこそ物語が生まれる。

　完全なる実在の世界を提供する演劇の能力の限界は、とりわけ映画やテレビ
と比較されると顕著になる。演劇においては、舞台上の装置、衣装、照明、パ
フォーマーの物質的見かけと、それが関わろうと望む幻想とのあいだに、つね
にギャップがある。この現実と幻想の関係の特性は、公演により大いに異なる
が、ギャップはそれでも存在する。プルマンは、観る者が舞台上のものが現実
であると振舞うことが物語を生む、という主張において、観客が一時的に疑い
を休止するというお馴染の表現を繰り返し、その公演の演劇的幻想と物質的現
実のあいだの関係に立ち戻るように、私たちの関心を導く。
　スウェーデン演劇の研究者ウィルマー・ソーターは、演劇の「参照的
[referential]」と「具体的 [embodied]」体験とのあいだの差異を描き、この現実
と幻想の関係に対し、有益な解釈を提供する(2000:191-5)。具体的体験とは、パ
フォーマンスの実際の見かけに関するもので、舞台上のアパート、木製の人形、
照明効果、その他の完全な見かけである。本章はこれを公演の**物質的現実**の体
験として描く。参照的体験は、パフォーマンスによって、あるいは、より言葉
によって、観客がその想像力のうちに見るものにより、描写あるいは喚起され
る。参照的体験において、舞台上のアパートは1つの光景となり、木製の人形

はリアルな身体に、照明は昇る朝の太陽等になる。これを演劇的幻想の喚起——思い起こされた体験として表現しよう。

　ソーターの概念は、特に、観客調査が子どもの演劇体験に踏みこむコンテキストに整理された際に役に立つ。本章の後半でこれを議論する。この問題に携わる他の研究者はジーン・クレインである。彼女は次のように述べている。

　　子どもの心の最大で継続する神話は、多大な想像力を持つことにある。子どもは舞台の上の欠けているイメージを埋める；しかし、逆は、より真実に近いものになる……子どもの観客は、彼らに向けられた明示的な視覚的イメージを見て、明示的な対話を聴くことに集中する「具体的な」（文字通り）処理装置なのだ。(2005:46)

　クレインは、子どもは8歳ぐらいから、舞台上で具現化されてないものから、情報を推論する能力を高めはじめると示唆し続ける。この点は、再び議論で探っていく。この問いを解読するために、本章は3つの異なる公演に対する子どもの応答を探ろう。思い起こされた体験と物質的体験のあいだの関係性、言い換えれば、幼い観客がパフォーマンス（語り、登場人物、想像性）によって作られた幻想に応答したかどうか、あるいは、公演の物質的現実（テクニック、スキル、パフォーマンス）に応答したかどうかである。そのために、体験と、舞台上の幻想と物質的現実のあいだにどんな関係性が存在するのかを探り、プルマン、ソーター、クレインの概念に反する議論を地図化していく。

『シッポ』－物語を描く

　最初に論じるのは、劇団トール・ストーリーズ [Tall Stories] による『シッポ [Them With Tails]』である。2名のパフォーマーが神秘的でファンタスティックな一群の物語を語るために、即興、マイム、ドタバタ芝居を用いる。装置はなく、最小限の衣裳や小道具を使い、それを行う。ほとんど何もない舞台、ほとんどのものが描写を通して呼び起こされ、想像のなかで繰り広げられる。パフォーマンスの後、2小学校の6つの子どものグループは、美術を用いた研究ワークショップに参加した。詳細は前章で議論した通りである。

　ワークショップにおいて、私たちが子どもに与えた最初の指示は、「パフォー

マンスで覚えているものを描いて」だった。私たちに生じた即時的な疑問は、子どもは文字通り見たものを描くかどうか：2人の男がほとんど何もない舞台に立っている物質的体験である。あるいは物語を描く：物語で登場する人魚、魔法の扇、アナグマ、お姫様、バジリスク（空想上の怪獣）、陶器の少年、その他のものの想像や思い起こされた体験なのか？　答えは、若干の例外をもって、子どもは物語を描いた。

　この例外は、とりわけ興味深い。オリンピアの絵（図5.1）は、天井に沿って照明を備えた舞台上に2人の男が立っているのを示す。男の1人は何やらピンクの尾を持っている；もう1人は黒い尾と奇妙な黒い被り物を持っている。絵はいくつかのスーツケースと箱、垂直に、水平に置かれた3本のバナーを含む。『シッポ』のある瞬間の、かなり正確な描写である。一方、同じ学校の子どもソフィーは、同じ公演の同じ瞬間を正確に描いた（図5.2）。ソフィーの絵は、奇妙で小さな黒と白の縞模様の生き物を伴った、長いブロンドの髪、ピンクのドレス、非常に細長い鼻の女性を示している。彼らは森の中にいる。これも同じ瞬間の行為の非常に正確な描写である。

　ソフィーは、「お姫様とアナグマ」から、ある瞬間を描いた。アナグマとお姫様、そして扇のどちら側を振るかで、人の鼻を長くしたり短くしたりできる魔法の扇の物語である。多数の子ども同様、ソフィーは自分の想像力のなかで生まれた物語を描いた。舞台上に決して現れなかったものの、語られたか、触れられたものを描いた。たまたまオリンピアはポーランド人で、最近転校してきたばかりで、英語をほとんど理解しなかった。彼女が公演を観た時、そのため何の物語なのか、全く理解できなかったため、見た舞台の物理的な見かけだけを描けた。代替案なしに、彼女は物質的体験を描いた。

　自由なお絵描きとして、描かれた『シッポ』の132枚のうち、オリンピアの絵は、思い起こされたものではなく、物質的なあり方で公演を描いた7枚のうちの1枚だった。他の6枚は物質と思い起こされた体験が混ざったもので、内5枚は不明瞭だった。これら未加工の数字は大部分の子どもが、公演の全部のシーンか特定の瞬間をいかに描いたか、あるいはキャラクターの登場を示すことに集中した絵を描いたことを示し、印象的かつ意義深い。しかし、そこにはお絵描きのプロセスについての集団の影響や力学を含む、様々な理由がある。このことが、このコンテキストにおいて、数の価値、内容分析の技術について慎重であるべきと教えてくれる。それ以上に、より豊かな子どもの体験の感覚が

第 5 章　演劇的幻想と物質的現実

（図 5.1）物質的な体験を描く「お姫様とアナグマ」［絵：オリンピア］

（図 5.2）物語の世界を描く「お姫様とアナグマ」［絵：ソフィー］

87

生じるのは、対話とお絵描きのあいだのとらえ難い関係性を通してなのである。

　例外はつねに興味深く、少数の子どもに、より見たものを描く傾向があった。その1人がカラムだった。伸ばした手に2つの羽をもち、王のような帽子を被った男を描いた（図5.3）。カラムは多くを話したがらない男の子だった。「可笑しかったから」とだけ、お気に入りの「ニワトリ男」の絵を説明した。興味深い交流は、カラムの同級生の女子が彼の絵を批判したことである。

　　メガン：　　これはニワトリじゃないわ。
　　研究者：　　さあ、私は実際、メガンに同意しないよ。だって、カラムが見
　　　　　　　　たものがそうだと思うからね。なぜなら、何を君はここに描い
　　　　　　　　たの、カラム？
　　　　　　　　（カラムは黙っている。間がある。）
　　メガン：　　わかった。
　　研究者：　　これがなんだと思う？　メガン、彼が描いたもの？
　　メガン：　　衣装を着た人。

　カラムが描いたのは、実は、エピソードの1つに登場したバジリスクの物質的体験だった。当然ながら、子どもの誰もこのバジリスクが——公演では、鳥と蛇の混ざったものと示されたが——どんな姿だか知らなかった。全く理解できないものを描くことに直面すると、ときに子どもはそれを無視することで応じた。他の場合では、認識したものをとらえ、それを解釈の中心にすることで応じる。だから、この場合、何人かの子どもは自分が知るものとしてとらえ、バジリスクを怪獣のようなニワトリに変換した。しかし、カラムの絵は、彼が見たものそのものだった；メガンが指摘したように「衣装を着た人間」だった。このイメージをいかに描くかの彼の選択の正確な理由には、多分に近づきえない。とりわけ、自発的なお絵描きであっても、自分の絵を議論する関心を持たなかったからだ。それゆえに、『シッポ』に対する反応において、ほとんどの子どもは、公演が喚起した体験の何かを描いた・行為の瞬間か、キャラクターの詳細を描くことで、物語を描いた。有無を言わせない強い何かがこの応答にはある。子どもが自分たちの想像力の中にあるギャップを埋めるためにもっている方法で、公演に関与したことを私たちに示している。この認識は、疑いなく、子どもの演劇との想像的な関与を祝福したいと望む公演チームと多くの大人たちを喜ば

第5章 演劇的幻想と物質的現実

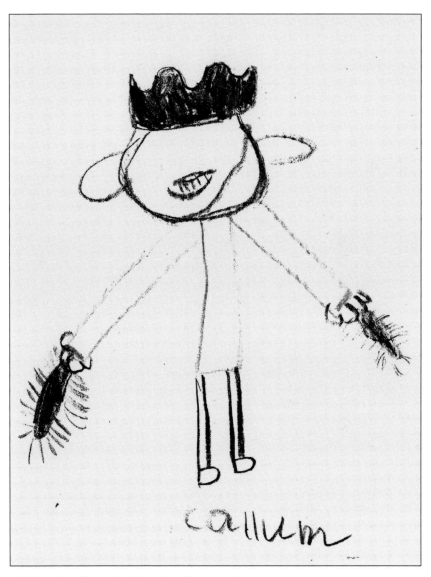

（図5.3）『シッポ』の「ニワトリ男」［絵：カラム］

せるだろう。

　結果が示すのは、ある段階にある子どもの何人かにとっては、実際のパフォーマンスを忘れてしまったのではなく、想像的体験のために部分的に抑圧されることである。しかし、子どもがあるレベルの公演に関与したと示す進行中の会話のように、これはあまりに単純であり過ぎる。しばしば語りや登場人物の関係を通して始まるが、子どもの会話は、多重的で、ビジョンの二元性をもつことで特徴づけられる：物質的かつ喚起的に、同時に、見て覚えているのだ。木の上のサルの絵について議論する研究者とルアディの交換において、これが示されている。

　　　研究者：　　ふむ、サルの見かけを教えてくれるかな、そのサルはどんな風
　　　　　　　　　なの？
　　　ルアディ：　サルはね、茶色で、シッポがあって、小さなシッポで、大きな
　　　　　　　　　茶色の毛皮、でも物語にいたわけじゃない。
　　　研究者：　　彼はどんなだった、それで、君が見たもののなかでは？
　　　ルアディ：　皮、皮とうーン、それでニセモノ、小さなシッポ、それから……。
　　　研究者：　　サルに見せるために、その男の人は何かをしたのかな？
　　　ルアディ：　シッポだけ。
　　　研究者：　　でも、君はそれがサルだってわかったんだ？
　　　ルアディ：　うん、それがサルだってわかった。でも、ほんとうにサルだと
　　　　　　　　　はわからなかった。ただその人がサルを演じているのはわかっ
　　　　　　　　　たよ。

　サルの見かけを尋ねられて、ルアディは実際のサルを描いた。彼が描いたものだが、即座に、サルがどのように舞台化されたかの描写を加えた。彼の会話では、おそらく彼の記憶のなかで喚起され想像された体験は、つねに見た物質的体験を伴い、その逆もそうだったのだろう。2つは相互に絡みあう。だが、子どもの音声として表現された記憶のこの二重性は、子どもの絵が興味深いのと同じ程度には、はっきりと表されてはいない。それが確かに意味するのは、子どもが（舞台上の）工夫や物質的体験に気づかなかった、覚えていなかったとは私たちに言えないことだ。おそらく、その代わりに示唆するのは、関心を払っていると思われたものを子どもが完全に理解していたことである。そして、対

話を積極的に前向きに受けいれていた。だから、上記の対話は、以下のように
続く。

　研究者：　それで君は木の上にサルを登らせたんだ？
　ルアディ：そう、でも、それで本物のサルのように見えるよね。

　言い換えれば、ルアディは、偽物のサル、人間によるサルを描くという、も
う1つの選択肢があるのを理解していたが、明らかに彼が考慮しなかった選択
だった。
　本章の結論は、これらの指摘のいくらかを反映する。まず、『シッポ』に関連
して観察された様相と、どちらも人形を使っているが、『マーサ』と『プス！』
プロジェクトに参加した子どもが観た、かなり異なる2公演で引き起こされた
反応と比較する価値があることである。人形に対する子どもの応答は、自然に
解釈の焦点となった。適切なことに、この即時性は、大切な問いを持ちあげる。
幼い観客がいかに演劇的幻想の異なるレベルに応じるのかと、子どもがパフォー
マンスについていき、理解し、解釈するスキルと戦略についてである。

人形、幻想、そして現実

　1930年代、合衆国の人形使いポール・マクファーリン［Paul McPharlin］は、
観客が人形にいかに反応するかについて、古典的な考え方を明瞭に表現してい
る。

　　人形が動きだすと……人は木や糸を考えることをやめる；人は行為に夢中
　　になる……人形劇の約束事を受けいれる観客は、人形自体に他の俳優に感
　　じるのと同じ共感を投影する(Tillis, 1992: 47)。

　この主張は珍しくないが、実際の生の体験と認知の性質は明確とはいえず、ほ
とんど精査されてはいない。生の演劇を観ている観客は、本当に実在の少年と
同様の共感をもって木製の人形に反応しているのか？　それとも、この問いを
より幅広くあてはめるためには、観客は演劇パフォーマンスの人形の幻想、そ
れとも物質的現実に反応するのか？　本章での人形への焦点は便宜主義であり

91

思慮的でもある。というのは、人形は舞台の現実と思い起こされた幻想のあいだのギャップを露呈させ、わかりやすくするからである。

　チェコの美学者・音楽家オタカル・ジフ [Otkar Zich] の観客が人形に反応する可能な方法についての議論 (1923年) は広く論じられる。ジフは「生きた人、命のない人形として認知されうる人形」を提示した(Bogatyrev, 1983:48-49)。彼はこれらに対するオルタナティブを詳細に述べている。一方で、生命をもっている人形 [puppets] の奇妙な不思議さと、もう一方で、生命のない人形 [doll] で生きているふりをする行為に対するグロテスクで滑稽な反応である。スコット・カトラ・シャーショウ [Scott Cutler Shershow] は、この審美的影響の二元性を図示する。

非現実	現実
生命のない（単なる物質）	生命をもっている（生命の幻想）
グロテスクで滑稽	神秘的で素敵

(Shershow, 1995:215)

　ジフは観客の人形の認知についての繰り返される問いを効果的に表現する。解説者らがジフの本に立ち戻る理由である。しかし、それはまた少なからず、「私たちが一度に1つの方法でしか認識し得ないために」、これらが相互に相容れることのない範疇であるという主張によって、抜本的に台無しにされ制限されてしまう。

　この見解に対し、スティーブ・ティリス [Steve Tillis] が疑問を呈している。代わりに、対照法から離れ、人形の2つの様相の同時承認は、この認識を決定する特質の1つと主張する。ティリスが描くのは、観客が人形をモノとして、生命として見る「ダブル・ビジョン [double vision]」である。それぞれの様相は矛盾していても、同時に不可避である。彼は人形劇の主な楽しみの1つとして、「人形はそれが「モノ」である、「生命」をもつものであるという観客の理解に楽しくも挑む」(1992.04)ために、この不変の緊張を表現する,

　ジフの見解のもう1つの問題は、イデオロギーに関連する。このことがより顕著になるのは、ヘンリク・ユルコフスキ [Henryk Jurkowski] によるジフからの引用である。

第 5 章　演劇的幻想と物質的現実

私たちは、彼の説明において、大衆の 2 種類の認識を理解する。民衆的観
客認識（人形は神秘的である）と、博学的観客認識（人形は人形である）(1983:
124)。

　シャーショウが指摘するのは、まさにこの解釈の階級的意味である。本質的
に洗練されても知らされてもいないと主張するのと同時に、教育のない「民衆」
の本能的な反応を讃えるからである。言い換えれば、人形を現実的で神秘的で
不可思議という認識は、魅力的で土着的だが、本質的に間違いなのである。対
照的に、生きていないものを生かす試みにおいて非現実でグロテスクなコミッ
クとしての人形の認識は、知ることであり、洗練され、正しい。
　この階層的で、かつ権力の二元性は、子どもと大人の観客の関係の解釈にお
いて繰り返される。例えば、ペトル・ボガトゥイローフ [Petr Bogatyrev] は、
「人形劇の子どもの認知は、疑う余地なく大人の認知とは大きく異なる」という
当り前の認識を明瞭に描いた(1983:62)。彼の議論は、本質的に子どもは人形を
「現実」としてとらえ、不可思議で、本能的なあり方で応える。対照的に、大人
は幻想を生みだすスキルを尊敬するものの、つねに人形と人間の俳優を比較し、
その表象的限界を見いだすというのだ。
　ボガトゥイローフにとっては、この主な理由は、体験のレベルと記号を読み
とく能力にあるが、シャーショウが示唆するのは、このような反応は、「子ど
もっぽい、あるいは大人っぽい、単純、あるいは洗練されたものとして、すで
に決められた、ある種の実践という社会的な世界に生みだされた」子どもたち
によって生じることだ(1995: 223)。言い換えれば、反応はある種の学習的振舞い
であり、人形の魔法や不思議に反応することを、子どもに期待する社会が生み
だされた。ところが、大人はおそらく大人の成熟し、洗練した認識が幻想を見
ることを要求していることに気づくのである。
　子ども自身の生の体験や、それが認識のイデオロギーと権力の階層に関係す
るかについては、全く探求されていないままだ。それでは、観客の人形の認知
の性質についてのこれら論争が、いかに子どもの実際の演劇体験に踏み込む研
究に関係するのか？

『プス!』－人形あるいは人?

93

デンマークの劇団テアトル・リフレクション [Teatre Refleksion] の『プス！』
は、バレリーナ、ジャグラー、道化他を登場させ、全てを様々な人形で表現す
る、ゆったりとした人形劇作品である。ほとんどが手持ち人形で、道化の２つ
の人形の頭は、短い棒の先につけられた小さなボールで、身体と足は、人形使
いの手袋をはめた手で作られていた。もう１つの人形は、長い足と巻き髪のバ
レリーナで、そのつながれた腕と脚は、２名の人形使いの指で直接支えられて
いる。手持ち人形の唯一の例外は、舞台床の溝にそって見えない仕掛けで行為
と動きのあいだを３－４回つなぐキャラクターである。それが登場しているあ
いだだけ、人形使いは舞台上で見えなくなる。人形使いは白の衣裳と帽子を着
用しているため、つねに見える存在である。

　人形は台詞を話さないが、公演は役の性格、恋物語、サーカスという設定の
ゆるい物語の流れをもち、主にエピソードにより構成でされ、人形の見かけと
その能力で進められる。パフォーマンスの終わりには、子どもたちは舞台の前
方に招かれ、人形を手にし、人形使いに話しかけることができる。私たちは６
－７歳の児童23名の学級をこの公演へ連れていき、子どもの体験を探求するた
めに、上演後、３回の美術ワープショックを実施した。全てのワークショップ
で、私たちは公演で覚えている何かを描くようにお願いした。

　子どもの描いた『プス！』の絵を見て、即座にわかるのは、終始見えていた
にもかかわらず、人形使いを描いた絵がとても少ないことだ。だが、子どもが
描いた人が全て人形だったことを意味しない。自由なお絵描きを通して描かれ
た52枚のうち、わずか５枚が何らかの形で人形使いを描き、このうちのいずれ
も明瞭ではない。残る47枚は、印のない様々な小さな人々を描写し、これらは
実際に人形だった。マイケルの絵 (図 5.4) が典型である：彼はパフォーマンス
ではたしかに見えなかった、完全な手足とディテールをもった人として人形を
示した。

　『シッポ』の絵との最初の考察と同様に、それゆえ、即時的印象は、パフォー
マンスの記憶の呼び起こしにおいて、子どもたちは、思い起こされた体験のキャ
ラクターと行為を描くことを好み、私たちが現実．演劇の物質的体験と呼ぶも
のを無視したことである。この即時的印象の正当性は、とりわけ絵に伴う子ど
もの会話と関係して、瞬時に高まる。しかし、まず、これらの反応を、多くの
印象的なパラレルをもつソーターの『演劇的イベント』(2000) の研究と関連づ
けると役立つだろう。

第 5 章　演劇的幻想と物質的現実

（図 5.4）人形を小さな人々として描く［絵：マイケル］

『ひとりぼっちの耳』との比較

　ソーターが同書で示すのは、『ひとりぼっちの耳』と呼ばれる３－５歳児対象の人形劇で実施された観客調査の議論である。ミカエル・メシュケ［Michael Meschke］により、1990年代のスウェーデンで上演された。ソーターは公演の複雑な重なりを描く：ある時点で、人形使いは観客に、直接語りかけ、人形について話した、その後、子どもたちはその人形を自分で操ることが許された。ソーターはまた、感覚のレベルにおいて、パフォーマンスと手法の「明らかな不自然さ」を記述する、大人の観察者としての観点からは、――人形使いが公演を支配していたのである。『ひとりぼっちの耳』の受容についての研究は、特殊な観察とお絵描きを含んでいた。それゆえに、『プス！』で実施の研究とは、手法ならびに公演の形態と見かけにおいて直接的なパラレルがある。そして、子どもの『プス！』への最初の反応同様に、スウェーデンの上演についての子どもの絵の多くが、キャラクターと行為のために「演劇の現実を無視した」のだ。ソーターは次のように認める。

> パフォーマンスの認識において、ほとんどの子どもは――人形使い、テクニック、小道具といった――演劇の現実を無視し、「キャラクターの確立」に文字通り集中した。パフォーマンスのあいだの演劇的プロセスの自覚にも関わらず、彼らは体現されたものを関連するものへ変換する自由を感じていた。(2000:195)

　『ひとりぼっちの耳』への反応の分析において、観客に求められるパフォーマンスの物質的現実への自覚ゆえに、ソーターはここに特別な強調を置く。この場合に不可欠だったのは、それが見えていたからだけでなく――人形使いは終始見えていた――、公演が自己参照的に、それ自体の解釈の性質に関心をひき、観客とのあいだの第４の壁を破ることであり，そのために観客に直接語りかけ、人形等に触らせたのである。

　『プス！』の人形使いは同様に、つねに観客に見える存在だった。ここでも人形は、時に丸見えになり、その不自然さがわかりやすくさせた。ここでも観客は最後に人形を触るよう招かれた。全ての様相において、パフォーマンスの物

質的現実は、感覚レベルにおいて優位を占めるように思われる。そして、しかも『プス！』『ひとりぼっちの耳』の両方の絵で優位を占めるのは、思い起こされた体験である。これこそがペトル・ボガトゥイローフの主張を確認するものと思われる。

> 人形劇の記号 [signs] は、子どもの観客がいるとき、的確に優位を占める。それゆえに、人形劇は観客とともにその最大限の表現性を達成する。(逆に) 大人の観客の場合、生きた俳優の演劇の記号は、人形劇の認知よりも優位を占める。(Shershow, 1995:223)

　大人のソーターは、人形使いの生の実在が『ひとりぼっちの耳』の認知を支配すると感じていたが、子どもにとっては人形自体が支配していた。ここで推定できるのは、子どもの観客の認知の即時的かつ素晴らしい性質の描写である。チャーミングだが、同時に、洗練されておらず、理論的に無教育なものである。しかし、私は子どもの応答についてのこの分析は、不十分だと信じる。『ひとりぼっちの耳』に対して、さらなる反応を問うにはデータが十分ではない。とりわけ、子ども自身のお絵描きについての子どもの言葉による詳細な説明にアクセスできないだけでなく、分析上、この重要な段階が実施されたかどうかもわからない。しかし、『プス！』に関連して、その応答についてのさらに支持しうる調査は、子どもの物質を思い起こされたものに変換する完全性に疑いを投げかける。とりわけ、第4章での証拠として、独立して、お絵描きを分析する方法的な議論を思い出す価値がある。ここではずっと曖昧で重層的な印象が生じる結果をもって、子どもの会話にお絵描きを統合することが不可欠なのである。

お絵描きと対話

　子どもが圧倒的に人形を人として描いたことは、おそらく幼い子どものパワフルな想像力の一般的認知と、幻想を現実として受けいれる子どもの意欲を確認できる。かといって、子どもが気づかなかった、パフォーマンスの物資的現実を好まなかったと示唆するととらえるべきではない。このことを直接尋ねられると、子どもはその絵は人形についてのもので、誰もが**人形をみる**絵を観ているとしばしば主張した。

(図5.5)『プス！』の人形たち［絵：ロバート］　左上と中央で呼応するのは道化。中央下とその左は、後に議論される「ラスカル」。「ラスカル」が舞台の溝に沿って移動していたことを、ロバートは線で示した。右の人物は、猫のゆりかごを演じるパフォーマー。

  研究者：　　これらは人間なわけ？
  フレーザー：　人形だよ。
  研究者：　　それじゃあ、人形だとどうやってわかるのかな？
  フレーザー：　だって、僕らが上手に描いたから。

　人形を人形として正確に表象する絵は、私たちが見てきたように、ほんの僅かな例しかない。対照的に、子どもの会話から、子どもの認知が演劇の現実を無視しているという考えが誤りであることを明らかにする。例えば、次の交流で、いかに人形が動くのかについて、ロバートが質問に答える準備をしていたかがわかる。だが、語りや性格描写にはほとんど関心を払っていない（図5.5参照）。

  研究者：　じゃあ、人形が2体あったんだ（中央の2体を指さし）、どんな
  　　　　　風に動いたか覚えている？
  ロバート：うん、えっと、人が、頭から出ているちっちゃな棒で人形の身
  　　　　　体を持ってて、それでジャンプしたり、頭をはずしたりできる

んだ。

研究者： それで、人形には足があって、手もあった。それから人形は鈴
のついた帽子をかぶっていた。なぜ鈴のついた帽子を被ってい
るの？

ロバート： 知らない、ただ被っていたよ。

研究者： それじゃあ、人形が何か特別なことをしていたんだと思う？
それとも？

ロバート： 何をしていたかはわからない。

研究者： 何をしていたかわからなかったことは大変なこと？

ロバート： ううん。

　明らかに、公演の想像的あるいは物語的要素以上に、ロバートは記憶上で、遥
かに子どもの関心に働きかけると思われる人形の役割を非常に意識していた。上
記の交流で気づくのは、ロバートが道化という人形のステータスについて話す
ことや、人形たちがキャラクターとして、物語の中で何をしているかを考える
ことさえも興味を持っていなかったことである。これらの要素は、単にロバー
トの関心をとらえるほど十分強くなかった公演の限界だったのかもしれない。あ
るいは、パフォーマンスの技術的・物質的要素との関わりは、それ自体、ポジ
ティブな関わりと解釈することもできる。

　人形の機械的な動きへの関心は、人形使いの目に見える支えなしに人形が動
いた事例で、とりわけはっきりしている（図5.5再参照）。全ての子どもが、とり
わけ男の子だが、磁石、遠隔操作、糸、台の下の人、棒といったものを示し、こ
の人形がどのように動いたかの思索を楽しんだ。何人かは、この人形が動いた
スリットを表現するための線を絵のなかに描いた。他の男の子は、舞台の下に
あるかもしれないものの内部イメージを詳しく描きこんだ。

　どのように人形が動くかについての、この技術的な関わりが、このキャラク
ターに想像的に、感情的により顕著に興味をもつように、おそらく何人かの男
の子を積極的に動機づけたのは明らかだ。子どもはキャラクターが話す会話を
想像し、何をしているのかの短い物語や説明を創り上げた。このように、パ
フォーマンスによって与えられた要素以上に、さらなる想像上の行為を行った。
そして、いずれの人形も公演では名前がなかったが、ワークショップではこの
キャラクターのみに子どもは名前をつけた。他の人形は、アクロバット、バレ

リーナ、あるいは太った男といった記述が与えられた。しかし、このキャラクターに1グループから「小さなラスカル」という名前が与えられた。夜に出没し、ずるく這い回ったのだ。他の2グループはそれを「ミスター・ビーン」と名付けた——彼は『ミスター・ビーン』漫画版と似た方法で、ハミングしていたからだ。2人の男の子がこれを「スーパー・ミスター・ビーン」へと展開させた。キャラクターは紙の上でミニ・アドベンチャーの全シリーズに登場した。

　子どもたちが「小さなラスカル」と関わることのできた自由と遊び心は驚くべきものだった。とりわけ、それが演劇的プロセスの気づきと結びついた——人形の構造のあり方についての気づきと省察——そして、これを他の世界、他の宇宙において転換し、広げ、遊ぶという自由である。言い換えれば、このキャラクターの技術的あるいは物質的体験との関係は、関わり方のもう1つの道筋を提供したのである。それが、とりわけ男の子にアピールした。

　子どもの演劇との関わりにおいて性別が重要な要素かどうかは、この研究の中心的見地ではない。予期しなくてはならないのは、それぞれの性のうちでも反応に多くの多様性があることだ。にもかかわらず、ここで議論されたものを見ると、男の子は女の子よりも、公演の物質的あるいは技術的な体験にしばしば関与したといえる。『プス！』では、舞台の下の仕掛けを含む公演に対して、技術的な表象や応答を生みだしたのは男の子たちだった。女の子も男の子も同じものに気づいていたが、異なる要素に関心や発展させる価値を見いだした。

　男の子が、学校という場で、とりわけ、芸術科目で益々苦労する文化においては、男の子と女の子が幅広く異なる演劇との知覚的体験をもつという示唆は重要である。私たちが意識すべきなのは、女の子の参照的体験を「正しい」とする傾向がありうることだ。しばしば大人の望む応答を織り込んでいるからだ。しかし、技術的な創造性に関与する方法としての、男の子の関与の性質、幻想そのものよりも演劇的幻想のプロセスの利用をも、私たちは褒めるべきなのである。

認知の層のバランス

　絵を描くことが、主に認知の1つのレベル、思い起こされた体験にコミュニケートし、物質的ならびに思い起こされた体験を同時に見つめ、応えることで、子どもの会話はよりニュアンスに富み、洗練された認知のいくつかの層を示す

ことになる。結局、なぜ『プス！』の子どもの絵が、演劇の現実を徹底的に無視したと思われるか、私たちには推測できるだけだ。ありそうな可能性は、子どもが表象の文化的ルールの明らかなギャップをはっきりと把握していたことである。子どもは人形の思い起こされた想像的体験に関わらねばならないことに気づいていた。さらに、会話が他のものを引き出す一方で、そこに表象のひとつの形を促す媒体としてのお絵描きの何かがあったと思われるのだ。

　しかし、全体として、明らかなのは、このような認知のモードは相互に相容れないというジフの示唆と矛盾する方法で、子どもが公演の物質面ならびに喚起される要素を、同時にとらえていたことだ。代わりに、この反応はよりティリスの「ダブル・ビジョン」のコンセプトと合致する。子どもは1度に2つの方法で人形劇に参加していたのだ。そして、子どもの反応において、技術的体験との関わりと理解は、公演における想像的な投資を積極的に高め、支援した。このことが観客は人形劇で提示されるモノと生命の複雑な関係性から楽しみを獲得するというティリスの論争を支持する。このコンセプトを広げ、人形劇を越えて、アン・ウバーフェルド [Anne Ubersfeld] は、観客が体験の幾重もの性質から楽しみを得ると綴っている。

> 召喚される（語り、フィクション、その他）のは不在の喜びである；そして、観客が参加する具体的な活動として、体験した舞台の現実を考える喜びである。(1992:128)

　この矛盾を抱えた応答——信じる、信じない；クラフトとの、そして幻想そのものとの関わり——こそが、多分に私が信じる洗練された演劇の力であると、私が信じる何かの存在を示す。未熟で、無知、明らかに無邪気な観客であるかもしれないが、子どもは矛盾を受けいれ、同時に、幻想の中に踏み込み、演劇的テクニックを楽しむ。これが『マーサ』に登場する人形の雁に対しての参照的かつ具体的方法で、少し年長の子どもがいかに応えたかを探ることでさらに発展しうるポイントである。

『マーサ』と雁

　劇団キャサリン・ウィール [Catherine Wheel] の『マーサ [Martha]』は、多

(図5.6) 飛ぶアヒル ［絵：ジョーダン］

分に、伝統的な語りが主導する公演である。『シッポ』や『プス！』と比較して、一定の性格と時系列のプロットを含む、強い自然主義的表象の要素を持つ。語りは本質的に、人形が演じるチャーミングで短気な雁とマーサとのけんかの物語である。雁はやがてはその本能に従い、群れと飛び立たなければならないが、マーサとの出会いから友だちの良さと喜びを学ぶ。公演は、倒れそうなマーサの家と海辺を表現し、注意深くディテールに富んだ自然主義的な装置で上演された。

『マーサ』は、他の2作品が観客の想像力に委ねた多くのディテールを提供した。にもかかわらず、この表象の程度と思い起こされた幻想のあいだには顕著なギャップが存在した。例えば、家は三次元でディテールに富む一方、屋根はない；浜辺は黄色で塗られ、漂流物が散らばっているが、明らかに砂はない；雁は見事に操られ、実物大、豊かな性格をもつものの、明らかに、羽、ガラスの目、車輪と、頭と背から突きだす制御の棒が付いた人形だった。

9－10歳の1学級20名の子どもが、学校の講堂で演じられた『マーサ』観劇の後、2度の美術ワークショップに参加した。彼らは『プス！』を見た子どもより3－4歳年上であり、それに対応して、より絵が上達しているだけでな

第 5 章　演劇的幻想と物質的現実

(図 5.7)　人形として描かれたアヒル［絵：ローリー］

く、反応にも他の違いがあった。『プス！』の子どもの絵は、会話ではなく、圧倒的に、人形を本物の人間として表現しているように見えたが、『マーサ』については、状況はさらに均一に分かれた。ワークショップのいくつかの段階で、雁はほとんど全ての子どもに描かれたが、自由なお絵描きで描かれた39枚の内23枚は、1つ、あるいはもう1つの形で、雁を特徴づけた。そのうちの9枚が、雁が翼や羽、あるいは飛ぶといった幅広い意味で本物のあり方で表現されていた (図 5.6)。ここで子どもは舞台と語りによって、自分たちのうちで想起したもの

103

を、心象を完成させ、その絵に参照的要素を確固とさせるべく描いた。

　しかし、他の10例において、雁は、大まかにいえば、人形として表現されている。車輪、制御の棒、さらには、多くの場合、人形使いを伴い、その文字通りの見かけを正確に描いた（図5.7参照）。お絵描きにおいて子どもは物質的体験を描いた。見たものを描き、舞台のパフォーマンスの現実を再現した。子どもは、このように見たものと、思い起こされたものの想像的表象の、文字通りの描写を生みだした。最もわかりやすい説明は、子どもの年齢であるだろう。9－10歳は子ども期から青年期へ移動しはじめると、同時に、不思議と信念から、増加する知へ認知のモードをシフトさせる。ジフの記述では、これらは相互に相容れない認知のモードである。そして、子どもの絵のほとんど等しい2分化は、おそらく、2種類の年齢と、2種類の認知のモードのあいだの先端に、子どもたちが位置することを意味する。

テクニックを楽しむ

　しかし、これらの認知のモードが両立することはない。いくつかの絵では、1つの枠組みの中に、見たものと想像したものを描くことで、子どもは参照的かつ具現的に、同時に参加していた。加えて、お絵描きに伴う対話が明らかにしたのは、人形の仕掛けで作られた雁のキャラクターと感情を、いかに認識するかに、子どもにとっての喜びであることだ。例えば、何人かの子どもは車輪付きの雁を描いたが——すなわち、人形として——、非常に表現的な姿勢でそれを描いた——すなわち、キャラクターとして。さらに、子どもたちは、いかに自分たちが人形のこの感情を認識したかを話したがった。

> 研究者：　じゃあ、雁はお芝居のあいだに何度か違った表現をしていたのかい？
>
> ローナン：　うん、表情じゃないけど。それは、彼が悲しいとき、頭を下げるみたいな。

　この交流のように、人形の雁を操り、提示するために使われたテクニックについての認識と理解は、子どものお話しの中で繰り返され、子どもは人形の物質面での訂正やテクニカルな描写にあらわれた。子どもは効果を生みだすがゆ

えに、これらのテクニックを楽しんだ。雁を人形として描くことを選んだとき、それは最大の表現の力をもった人形になった。このことは、いかに子どもが雁に２つの方法で関与するかの事例である：キャラクターとして、実際の雁として想像的に完成し；人形として、いかに動かされているのかに関わっていたのである。

雁か、人間かどちらを見ていたかを尋ねられると、ほとんどの子どもは雁と答えた。もちろん、明らかに両方を見ていた。そして、実に、この質問に「正しい」答えが「雁」だとおそらく意識していた。

> 研究者：　それで、君は人を見たの、それとも雁を見たの？
> ルアディ：両方。
> 研究者：　それじゃあ、君は人を見たと思ったのか、それとも雁？
> ルアディ：雁。

この男の子が理解していたように、観客が雁を見るのは劇団の意図するものだろう。さらに、大人が子どもから希望する「正しい」答えである——さもなければ、多くの人々は公演で何かが上手くいっていないと感じるであろう。つまり、先にマクファーリンが示したように、人は操りに気づくのをやめ、人形の幻想を受けいれる。これは劇団によるオンラインで提供されている『マーサ』の公演写真によって、暗に、だが劇的に示される。それぞれのイメージはマーシャと雁をとらえ、人形使いの手以上のものを明らかにはしていない。強調すべきは、明らかにキャラクターと雁の感情の真実なのだ。

想像的応答の広がり

演劇では、全部の情報や表象が舞台上に登場するわけではなく、多くが観客の想像力に委ねられる。実際、多くの事例において、観客は公演が意味をもつように、想像力の使用が求められる。上演としての『マーサ』は、全く自然主義的なディテールの舞台画を提供した：装置、衣装、音響等は全て示され、五感の体験を提供すべく仕掛けられていた。にもかかわらず、人形は明らかに、他の様々な要素がそうであったように、想像力を通して完成されることを求めた。子どもは、思い起こされた体験を完了させ、『マーサ』の完全に意識された参

105

照的語りを表す美しい絵を生みだした。例えば、ゾーエ（図5.8）は、公演の終わりで、マーサの雁が家族の群れに参加し、飛び去っていく、想像でのみ体験した瞬間をとらえた絵を描いた、3人のうちの1人である。上演では、この瞬間は、音響と舞台袖へ向けられた台詞で構築されていた。

　理論上、ゾーエの絵は、この想像された体験のファンタスティックなまでに喚起的表現であり、それを子どもはその芸術作品を通して完成させた。これらの絵には、有無を言わせない何かがある。絵が私たちに示すのは、子どもは自身の想像力の内にある諸空間を完成させるために与えられていた方法で、完全に公演に関わっていたことだ。この反応を祝福したい。私が提案するのは、この水準の想像的な関わりは——疑いなく公演のあいだに提示され、公演によって刺激されたものだが、部分的には、お絵描きの作業を通してもたらされたことだ。絵を描くことを求められ、子どもはしばしば自分が見たものを描く以上のことを求められる。子どもは選択し、加え、ディテールをでっちあげ、コンテキストと背景を提供する。そうすることで、体験は転換され、広げられ、自分のものになった。子どもの生の演劇の体験を広げるお絵描きの役割は、私がイマジネイトと協力して発展させてきたものだが、その詳細は第9章で探求していく。

　これらの絵が、見えるものとして雁を描いた他の子たち以上に評価されるべきではない。彼らはただ豊かな質感を描写に与え、しかも、偶然、人形使いを含んだだけだ。そのような評価は不当に、公演への正当な反応の境界を限定し、演劇的関与の性質に制限をもたらすと思われる。

　『マーサ』の人形使いリック・コンテ［Rick Conte］は、観客の子どもたちがいかに人形と人形使いの両方を見るかについての素敵な証言を提供してくれる。芝居のある時点で、マーサが不平そうに言う。「家の中に雁がいるの」。ある公演のその時点で、観客の男の子が叫んだ。「そうだ、で、それから人間もね！」。これが素晴らしいのは、声かけは完璧なまでに適切な、子どもの演劇への参加の伝統の内にあるが、その内容はよりスタンドアップ・コメディでお馴染みのものである。

　『マーサ』を見た子どもが、人形を描くのと雁を描くのとが、なぜ、かなり均

第 5 章 演劇的幻想と物質的現実

（図 5.8）飛び去っていく雁たち［絵：ゾーエ］

107

一に分かれたかのあらゆる類の理由は、推測できる。これは子どもの年齢を含む：何人かは公演あるいは人形が一般的に自分にとって少し赤ちゃんぽいと感じていたかもしれない。何人かは、ものがいかに動いたかを理解することと、技術的な絵を描くことに関心を高めることに置き換えた。そして、その他は、お絵描きで文字通りの精度の強調の高まりから起きたものかもしれない。１つの結果は確かなものだった：子どもは、２つのレベルで同時に公演を解釈する能力を示すことで、同時に幻想とパフォーマンスと人形の現実に関与したのである。

　雁は、明らかに、幻想を受けいれ、それがいかに達成されたのかを認知できることを楽しむという２つの反応を生みだした公演の１側面というだけではない。子どもは、人形同様に、音響や装置、演技と声についても同様に話した。子どもの演劇に対する正確な、技術的な、かつ知的な反応は、語りやキャラクターとの感情的あるいは想像的な関与同様に——自分の創造的な方法として——重要である。子どもを子どもとして留めておき——そして、教条的に幻想だけを見る——大人には好ましくないために、これらは無視されることだが、事実と虚構を同時に心の中に抱くこの能力は、演劇や芸術との真に洗練された関係性の始まりを示している。

現実に気づくこと—幻想を完了すること

　子どもの演劇体験を論じるなかで、ウィルマー・ソーターは、子どものパフォーマンスとの想像的な関わりが意味するのは、公演の技術的あるいは物質的側面がはっきりと紹介されているときであっても、子どもは演劇の物語を描く——それを主に体験したことで——思い起こされたものなのである。記号論ならびに理論的理解については、このような反応は、ジフ、ボガティレフらが提示した生の演劇における期待される子どもらしい人形の認知に巧妙に一致する。

　本章で示された事例には、このことが確かに時々起こった。とりわけ、子どものお絵描きが彼らの会話から独立したものだと考えられた時のことだ。『ブス！』と『マーサ』への反応において、子どもの多くは、人形を生きた素敵な現実のものとして思い起こされた体験を表現する絵を描いた。同様に『シッポ』では、絵のなかで顕著で完全に理解されるのは、語り、キャラクター、想像の設定と思い起こされた衣装である。ここには公演と子どもの想像性の豊かさ両

第5章　演劇的幻想と物質的現実

方の成功として称賛したい誘惑がある。

　だが、このような反応は、子どもの認知の複雑さと洗練性を無視することで、子どもの力を効果的に奪うことにもなる。演出家ピーター・ブルック［Peter Brook］らは、想像されるナィーブな「民衆」の観客の洗練性を明瞭に表現し、それにより、このような観客に力と所有権を戻そうと求めた。もはや観客の応答は、ナィーブ、無学、受け身として認知されるものではなく、行動的でしっかり関わる。似たようなことが、子どもの応答にもあてはまる。幻想を壊すことなく、子どものための演劇の魔法を守るという主張は、実際には、子どもを侮り、庇護するために大人の権力を使う、子どもから力を奪う行為なのである。子どものお絵描きと並列して対話を考えるとき、子どもが公演の物質的かつ思い起こされた要素の両方を見て、覚えていて、関心をもったのは明らかである。

　ジフにとっては、この2つの認知の広い範疇——人形を見ること、あるいは幻想を見ること——は相容れなかった。紙の上に示された物質は、子どもにとって、そして、おそらく大人にとっても、これは真実ではない。『マーサ』への応答で、子どもは雁というキャラクターを完全に理解し得た。そして同時に、このキャラクターが創られた方法に気づき、楽しみ、関わりをもった。さらには、1つとの関わりが、他のものをもを高めたのである。

　公演の現実と想像のあいだで揺れ動く2つの解釈において、このことが観客の「ダブル・ビジョン」と喜びというティリスとウバーフェルドによって提唱された概念を確かなものにする。体験の緊張——実際には、パワー——は、信頼と疑いのあいだの均衡にある。異なる領域で、私の心に浮かぶ馴染みの文化的な事例は、サンタクロースの物語との子どもの関係である。私自身の逸話的な体験は、このことが、しばしば信念と疑惑、信頼と疑いの揺れる位置づけにあることを示す。これらの位置づけのあいだの継続的な均衡は——どちらかという確実性の主張ではなく——私にとっては、ラディカルかつ限界的、そして認知的に洗練した行為であると思われる。

　子どもに文字通り、あるいは比喩的に人形使いを描き、物質的見かけだけを見、幻想を無視するように求めるべきだと言っているのではない。体験という魔法の中で、子どもが自分自身を失って欲しくないのだ。むしろ、私が言うのは、子どものために幻想の魔法を守りたいと善意の願望は、間違いであり、恩着せがましいものになりうることだ。子どもは矛盾する解釈を、巧みに処理し、同時に2つのレベルのものを見る能力をもつ。この能力が、もし子どもが望む

109

なら、幻想の魔法を追求し、留めることを許す。しかも、力をもち、解放されたあり方で、それを行う。

　思い起こされた体験に、子どもが自身、熱中する能力を楽しむことは難しくない。私が強調したいのは、私たちはまた具体的体験との子どもの技術的関わりをも称賛すべきことである。演劇として演劇に関わることにおいて、子どもは、それが生みだされた媒体それ自体の機能を認知し、幻想を享受する；子どもは物語だけでなく、物語の構築のプロセスをもまた追うのである。

　プルマンは幻想を完成させ、形態の限界を補うために、観客が演劇と協働する必要性を主張している。ここで議論した子どもの応答において、これは確かに真実であり、今日的である。しかし、公演のために観客が働きかけるのと同様に、洗練された観客は、また公演の働きかけを享受する。工夫、技術、苦心は、幻想を構成する。その瞬間に我を忘れること、同時に、意識的に、その瞬間を見ることは、非常に複雑で、非常に自己の心を欺く、報いのある部分である。信念と疑惑が、同時に存在するのである。

第6章
演劇的能力

　本章が探求するのは、演劇を鑑賞する際の子どもの能力と認知という幅広いテーマである。簡単に言えば、観たパフォーマンスを解釈し、楽しみ、「獲得する」ための知的で感情的な資源を子どもが所有しているかを問う。幼い子どもの認知と演劇を解読するスキルが、いかに発展し、いかに柔軟で、いかに洗練されるのか？　答えは、必然的に、この研究に関わった特定の子ども、特定の公演により決まるが、どこか他の場で、自分の体験と観察を参照して、解読者は議論を広げ、修正することになる。

　演劇的能力という概念自体を、簡単に考える価値があるだろう。バーナード・ローゼンブラット [Bernard Rosenblatt] が述べるように、演劇の読解力は「様々な知的レベルで、劇的なシンボルのシステムを認知し、理解し、解釈する能力を求める」(Klein 1987:9)。この中心となる問いに関連するのは、舞台を「解釈する」能力が、年齢、観劇体験、その他の社会的要因によるものかどうかである。ピエール・ブルデューの文化資本の概念によりこれを考察できる。

> 芸術作品は、それがコード化される際のコードを所有している者にとってしか意味をもたないし、興味を引き起こさない。(略) 特定のコードをもたない鑑賞者は、自分にとってまるでわけのわからない音やリズム、色彩や線のカオスとして立ち現れるものを前にして、自分が水に没し、「溺れて」しまうような感じを受ける。(英語版、1984:3、邦訳版 p.5)

　ブルデューが述べるように、芸術への応答は、意識的かつ無意識的な暗号（コード）解読の作業を伴う。そこでは、見者／解読者の応答を決定づけるのは、知識、スキル、経験、背景といった、当人がその作業に持ち込む資本である。ブルデューの描く「見る能力」は、「知の機能」なのである(1984: 2)。それゆえに、

部分的に、本章は、この要素が私たちの社会の中でありがちなことを心に留めながら、演劇のパフォーマンスを「解読」するために、子どもに求められる知は何なのかを探っていく。章が進むに連れ、この問いはまた、若い観客が自分の演劇的能力を自分のものとして感じているかを考察するものに変化していく。

この論争のいくつかの要素は、演劇的幻想を解読する子どもの能力についての前章の議論で、すでに述べられてきた。しかし、ここでは、この主たる問題を、最初に『シッポ』を、次いで、『マーシャ』と『プス！』について明示的に探求していく。

意味を示す記号

フィリップ・プルマンの見解が、ここで再び役に立つ：「演劇の限界こそが観客に行為を分かち合うことを可能にする。実際に、限界こそが観客に振りをすることを求める。さもなければ、機能しないのだ」。言葉による語りによって展開する『シッポ』のような公演では、「演劇の限界」は、完全に目に見えるものとして——例えば、ディズニーやピクサーのアニメのあり方——観客に物語を示せないことにある。代わりに、物語は語られる。それゆえに、観客は、自身の想像力をもって物語を完成することを求められる。

それゆえに、プルマンが思い起こさせるのは、観客は演劇と関わることが求められ、物語を完成させるために、自分たちの関与と想像力を貸し与える。前章では『シッポ』を見た後、子どもが、文字通り、見たもの——ほとんど裸の舞台に２人の男——を描く代わりに、いかに物語とキャラクターの完全に想起された表象を描いたかを探った。抜本的なレベルで、この事実は明示的に子どもがパフォーマンスを「把握する」能力を持っていたことを示している——子どもは公演と関わり、公演は子どもに関わっていたのだ。

前章で論じた演劇パフォーマンスの子どものお絵描きの分析で、ウィルマー・ソーターは同様の結論に達している。幼い子どもが複雑な感覚的、芸術的、象徴的なパフォーマンスの諸段階を追っていけるのかを問うことで、彼の主要な基準は、「子どもが体現化された行為として認知したものに関連して参照」を構築しうるかどうかにある——言い換えれば、子どもが文字通りの舞台の行為から、関連する何かをつなげて推定できるかである。子どもは確かにできたと、彼は結論づける。子どものお絵描きは、はっきりと子どもが「演劇的提示を理解

した」ことを示した(2000: 195)。

　だから、例えば、『シッポ』への応答として、ナスラはいくつもの物語の中から、ある特定のシーンを描いた。オオカミのような生き物が川か池のなかの石の上に立って、水の中に横たわり、泡を吹いているワニを見下ろしている。ナスラは対話の中で絵の背後の物語を関連づけた。

研究者：　物語で何が起こったの？

ナスラ：　これはね、ワニが男を騙したかったの。でも、男がワニを騙した。

研究者：　それじゃあ、ワニの計画はどんなだった？

ナスラ：　泡を吹いて、カニじゃないかと思わせる。それで、彼は考えるの……それから、カニじゃないって気づいた。男はワニだって知ってたの。

　いずれも実際に舞台の上で見えるものではなかったが、説明とマイムから、思い起こしたものだった。しかし、ナスラは具体的な舞台のパフォーマンスの語りに限定せず、このような実際の行為から、複雑で入り組んだ物語の、ある特定の瞬間の詳細にわたる想像を創りあげた。

　子どもがいかにパフォーマンスの物質的事実を変換するかの事例である——舞台で観たものを——参照的なるものに——パフォーマンスや、より言葉によって何が思い起こされたのか、子どもの心の目が何を見たのかである。子どもがこれを行った能力は、子どもがパフォーマンスを完全に把握していたことを示す。もし演劇的提示を理解し得なかったなら、子どもはこのような絵を生みだせない（例えば、パフォーマンスを理解するための言語能力を欠いていたオリンピアの事例のように）。この一般的な理解の段階から、私たちはいかに子どもが想定された非常に複雑な演劇的言語を解読したかを探れる：舞台の約束事の理解、全体に代わるシンボルとサインの活用、俳優とキャラクターとの差異、ストーリーテリングの構造、役の発展等である。

　質に関する観客調査の性質は、「受容のプロセス」を私たちが検証できるようにするよりも、「受容の結果」とションメーカーズが名づけたものを明らかにする(1990)。この場合は、子どもが自分の見たパフォーマンスの暗号を解いた正確な認知プロセスではなく、イベントの後で、子どもがパフォーマンスについて

（図 6.1）お姫様と王様、そしてアナグマ ［絵：エレノア］

何を考えるかを見いだす。しかし、子ども自身のプロセスの認知を通して、この問いを探求することはできる。とりわけ、子どもの多くが舞台を解読する能力を持っていただけでなく、舞台の約束事の意識的に認識していたことは印象的である。問いかけとお絵描きのプロセスによって促され、指示され、子どもは、自分がパフォーマンスについて知っていることを、どのようにして知ったかを描くことができた。

　例えば、エレノア（図 6.1）は、『シッポ』の物語のある瞬間を、完全に想像で描写した。その絵には、お姫様の寝室、アナグマ、王様が見いだせる。私たちはこの絵と描かれた瞬間についてエレノアに質問した。描くべきものを彼女はどのように知ったのか？　例えば、

　　　研究者：　彼女がピンクのドレスを着ていたって、どうしてわかったの？
　　　エレノア：　なぜなら、背中にピンクのものがあったから……背中で、それがピンクのドレスだって示してたから。

『シッポ』で、パフォーマーが用いた演劇の約束事を、エレノアは正確に描写

している。パフォーマーが様々な役を演じるために、違う帽子を被り、ベルトに違うシッポをはさんでいた。まさに、ジャッカルは灰色の毛で覆われたシッポをつけ、お姫様は何本かのピンクの布の紐だった。これは重要なことだ。子どもは記号としての省略を理解し、見えていない全体を思考したからである。さらに、子どもは、つねに実際のシッポをつけていないあり方で、ジェスチャー、ボディランゲージ、ヴォイスを用いた幅広い役作りのコンテキストの中で、シッポの意味を理解した。例えば、お姫様を演じるパフォーマーが突然、ピンクの尻尾をつけたまま父親の王様に演じ変えても、ヴォイスやボディランゲージによって異なって物語られた。重要なことは、エレノアが実際には舞台の上に２名だけだった時に、３つのキャラクターを描いたことである。これもまた、子どもの演劇的な読解能力を示している。どの特定の瞬間に、どの演劇の記号に関心を払い、どれを無視するのかを理解する能力である。他の場合には、異なる意味の要素が結合し、子どもたちはこれもまた認識できた。

ファイカ： お姫様を演じていた人は男の人だった。
研究者： そうだね。男の人がお姫様を演じる、その見かけはどうだった？
ファイカ： とっても女の子っぽい声だった。
研究者： 女の子の声にしてたんだ。他にしてたことは？
ファイカ： この小さなドレスの切れはしを足の後ろにつけてた。それでお姫様になった。

　エレノアと同様、ファイカは正確に、彼女にコミュニケートする様々な記号を区別し、見極めている。男性のパフォーマーが女性の役を演じていたこと——そして、この交換が示すように、彼女はこのような約束事についていくだけでなく、言語化することもできた。
　研究では、２校の７−８歳のグループと５−６歳のより幼いグループの学級が、『シッポ』を観た。驚くまでもなく、この意識的にいかに子どもが公演を解釈するかを省察する能力は、年長の子どもよりも顕著だった。しかし、幼い子どもが、お絵描きにおいて、また公演中の振舞ではっきり示したように、舞台を解読する強い能力を見せただけでなく、ときには、６歳児との交流のように、子どもは意識的にこのプロセスを省察することもできた。

115

研究者：　本物のニワトリだったの？（エンジェルは頭を振る）何だった
　　　　　のかな？

エンジェル：　ニワトリの振りをしてた。ニワトリになるために頭にモノ
　　　　　をつけてた。

研究者：　ニワトリになるためだ。ニワトリのようになるために他に何か
　　　　　していた？

エンジェル：　羽をつけてた。

研究者：　羽、そうだね。ニワトリのようになるためにやってたことが他
　　　　　にないかな？

エンジェル：　彼がやったのは……（腕を羽ばたかせ、ニワトリの音を作る）。

　エンジェルは、2つの方法で、自分の演劇的能力を示した：最初に、言葉の
省察的な結論を通して；次には、模倣を通して。触れておくべきは、公演につ
いての知とコミュニケートするために、子どもがしばしば模倣、ジェスチャー、
ムーブメント、他の非言語的行動を使ったことである。明白になったのは、子
どもがしばしば事を理解し、子どもが事を知っていることをわかっていたが、そ
れを表現する語彙をもっていなかった――あるいは、単純に、非言語的なコミュ
ニケーションの形がより適切だったことである。このような身体知同様に、子
どもは公演との他の種類の関係をも示した。例えば、すでに述べたように、一
本のシッポが完全なキャラクターや生き物の代わりになることにより、大切な
演劇の約束事を、容易に内面化した。次の事例の解釈のプロセスは、典型的な
ものとはほど遠いが、とりわけ印象的である。ジェームスがオオカミのシッポ
を描くことからワークショップを始めたときである。

研究者：　オオカミだってどうしてわかったの？

ジェームス：　だって、オオカミの尻尾の色だったから。だって、オオカ
　　　　　ミの尻尾は、それと（自分の絵を指さし）同じ色だったから。

　その後、まったく自発的にジェームスはハサミを求め、自分に付けられるも
のを作ろうと絵を切り取った。公演で観たように、シッポを作ったのだ。ジェー
ムスはワークショップの残りの大半を、オオカミのシッポを完成させるために

第 6 章　演劇的能力

使った——2つ目は、家にいる弟に持ち帰るために——そして、自分のズボンにどのように付けるかで助けを求めた。

　ジェームスが示したのは、すべての子どもが公演を解読したものの実践的な知である——キャラクターの全体に代わるシッポの衣裳であり、オオカミのシッポがオオカミの全体を意味したことである。

舞台を解釈する

　子どもの幅広い演劇的能力についての同様の観察の多くと、この演劇的な読解能力の自覚は、『マーサ』への応答にも見られる。公演は『シッポ』とは非常に異なっていた：語りとステージングはもっと出来上がっていて、子どもに見せるものが多々あった。想像力をあまりつかわないですむものだった。にもかかわらず、演劇として、このステージングには、先に議論したように人形の雁のようなギャップがあった。子どもは公演を自分らにとって意味のあるものにするために関与し、働きかけなければならなかった。関連して呼び起こされるものの、舞台で提示されないものを描くことに完全に基盤を置いた絵を描いた例もいくつかあるが、子どものお絵描きは、大概はこのギャップを埋めていた。

　また、私たちは子どもの対話のなかに、いかに公演を解釈したかに関する自己認識を見いだすことができる。

> **研究者：**　それから、太陽が輝いている。いい天気だって、どうしてわかったの？
> **ロビー：**　うん、音が聞こえた、それで、いいお天気だと思った。
> **研究者：**　どんな音？
> **ロビー：**　カモメの仲間。それで、ちょっと太陽みたいなのを聞いた。だって、何かたくさん聞こえたの。

　ここにはロビーの共感覚[2]の喚起がある——「ちょっと太陽みたいなのを聞いた」は、一風変わった詩かもしれないが、完全に正確なのである。ロビーは学校の講堂で公演を観たために、照明の効果はなかった。太陽の認識は、主とし

2　**共感覚 synesthesia**：文字や音、時間等に色を感じたり、形に味を感じたりする特殊な知覚。

て音が糸口となって生み出された——カモメやビーチで楽しむ人々といった良いお天気らしさの音響——あるいは、キャラクターが相手に「いいお天気ですね？」と語るといったような具体的な参照によって。これらは、洗濯物を干す、キャラクターが短パンやサングラスをつけているといった、他の視覚的記号により支えられる。一緒になって、いいお天気の総合的な概念が築かれるのである。これらの糸口は、お天気の日の伝統的な表象の形で、子どものお絵描きの視覚的媒体に翻訳された。しかし、重要なのは、なぜ子どもがよい天気の表象を描いたのかを明瞭に表現することができたことだ。

　これは子どもの演劇的読解能力だけの例ではない。子どもが読解し、演劇的記号の様々な種類を解釈し、精神的にこれを完全に整った表象に転換する能力だが、その上に、このような記号の意識的な認識と、公演についてわかったことを、いかにわかったかを描写する能力をも示している。

　他の例は、ある少女が自分の描いたマーサと、その家の絵の詳細を尋ねられたときの反応である。全ての子どもがこの細やかなディテールに気づいていた——2本の藁のついたイルン・ブルーの缶、半分食べられたトースト、シュノーケリングの足ひれ、様々なビーチの瓦礫や多くのものを含む。ジョディの絵はこれらの多くを再現していた。

　　研究者：　これは非常にたくさんだ。お芝居にたくさんのものがあったの？
　　ジョディ：　アハ。
　　研究者：　どうしてこれらが大切だったの？
　　ジョディ：　どんなライフスタイルで暮らしているのか、あなたに見せるために。

　ジョディの答えは完全に正しく、意味につながるもののこの類の観察は、かなり典型的なものだ。例えば、2人の少年が、芝居の地理的な場所を巡って複雑な議論にはまりこんだ。マーサのアクセント、語彙、その他から、明らかにスコットランドだとわかったが、郵便配達のアメリカのアクセントと、アメリカ式の郵便箱という、矛盾する意味を調整しようとした。個人的にはこのようなつながりは比較的小さなものだが、集団として子どもは演劇の表象を理解する能力だけではなく、その理解を省察する能力を示したのである。『マーサ』で

は、このことはまた、雁の人形の操作を省察し、思い起こされた体験とテクニックの両方を楽しむ、子どもの能力としても見ることができる。

パフォーマンスを獲得しない

この分析は、研究に参加した子どもが観た3番目の公演、人形劇『プス！』につながる。子どもの大半は、意味のあるパフォーマンスについての絵を生みだし、公演に関わり、「獲得する」ために求められる能力を所有していたことを示した。検証してきたように、人形の働きについての子どもの議論は、また物質的と思い起こされた体験のあいだの2つのレベルの認知を示している。しかし、より興味深いのは、『プス！』への子どもの応答には、子どもがパフォーマンスに完全に深く関与しなかったと示す様相もあったことだ。

この兆候の1つは、多分に抽象的な宇宙において動くキャラクターとしての人形についての絵と対話で、子どもがフォーカスした方法だった。公演の語りの要素を減じ、多分にサーカスの思い起こす世界を無視したのである。対話では、子どもは公演がサーカスの類に設定されたものと理解しているのを明らかにした一方で、多分にこのことを話すことには興味を示さなかった。

興味の欠如は、子どもと公演としての『プス！』のあいだの幅広い共通性の欠如の事例として受けとれる。この認知を明らかにするのは困難だが、明らかなのは、子どもの多くがこの事例では応答しなかったが、他の子どもは他の公演に応答したことだ。子どもはサーカスの参照的世界を表象しなかったわけではない。彼らは他の公演と同じ程度に、物語を再度、語ることに関わらなかったのだ。『マーサ』と『シッポ』に応答する絵が、キャラクター単独と、1つの設定のもとでキャラクターを描くことが、かなり等しく混ざっていることを示す一方で、『プス！』への応答は、圧倒的に、キャラクター単独で、思い起こされた場については非常に稀だった。加えて、他の公演の絵のほとんどが、判別しうるシーンや物語の特定の瞬間である一方、『プス！』は主に抽象的で、特定し得ない——それらは単なる形状なのだ。

『プス！』への応答は興味深い。明らかに演劇的提示を解読する能力のなさの結果ではない。子どもの絵と会話が示す他の要素は、この事例での子どもは、他のグループの子どもと同様のレベルの演劇的能力を持っていた。このことは特定の公演に伴う、特定の問題の存在を示唆している。

完全なる公演は存在しない。子どもが幻想と語りを発展させたあり方で、『プス！』に関わらなかった理由は、おそらくそれが子どもに働きかけなかったからだ。おそらくパフォーマンスの要素と、作品それ自体の質の問題だった。より微妙なことに、『プス！』は、スコットランドの観客がこれまでに観てきたほとんどのパフォーマンスとは、上演スタイルにおいて急進的なまでに違っていた。イマジネイト・フェスティバルの企画者トニー・リーキーが語るのは、パフォーマンスに真の質があると感じたから作品を採用したが、潜在的には難しいと感じていたことだ。

　　それは雰囲気以外何ものでもない、世界の創造について、人形の操作についてのもの。貫いていたのは、ギャグのコンセプトでした……貫いていく糸があって、人が自分に向かって叫ぶことに慣れている観客にとって、まったく違うものでした。観客は実にそのことに慣れてしまっている……だから、常に少しばかりリスクを抱えていた……。ほとんど「これがきっかけになったら」という感覚でした……。観客にとって異なる種類の体験だったのです。(個人的なインタビュー、2007年)

　リーキーは率直に認めてもいる。公演はいつも彼がヨーロッパで観た時と同様に上手くいくように思える一方で、スコットランドの観客の前では、「思っていたようには成功しなかった。受容の問題だった」のである。
　あり得る理由は、微妙で複合的だ。おそらく一般的には、スコットランドとヨーロッパの子どもの演劇体験のレベルの差である。サーカスという特定の世界を喚起させる静かで、特別な雰囲気を生みだすことに依拠し、細やかなディテールと、人形の非常に正確な操作を通して繰り広げられる公演の巧妙さが、とりわけ、混乱や、注目の欠如にさらされてしまった。私が観たいくつものパフォーマンスの受容に関して、『プス！』が、スコットランドの観客を楽しませること失敗したわけでも、観客が作品に関与し、働きかけることに失敗したわけでもない。しかし、幼い観客が、演劇的トーン、抽象性、とらえどころのない性質において、完全なまでに異なるものに対してツールや体験をもっていなかったと言えるのである。
　ジーン・クレインが指摘したように、演劇を観るとき、「子どもは理解したいと期待する、その内容に参加し、それを理解しようと働く。とりわけ、その情

報が子どもに個人的に関心のあるものであれば」(2005：47)。だから、彼らにとって何かを意味する要素に集中することで応じた。対照的に、公演の他の要素は、大方、無視された。しばしばクレインが示唆する、素材が「新奇、複雑、驚きに過ぎる」ものとして認知された場合である。

　幼いスコットランドの観客は、『プス！』に対して即時的に応じた。おそらく彼らの応答は、娯楽と即時的反応が優位を占める、私たちの文化と学校のうちにある、演劇体験の位置づけの何かを示している。演劇的能力の限界は、それゆえに、体験と期待の限界によって示され、そのうえに、おそらく、ここではその方法でパフォーマンスに対処するために、観客［spectators］としてのツールを持つことが求められた。子どもの応答の限界のなかにこそ、他に何か可能かもしれないかを考える機会がある。いかに応答が広げうるのかだけでなく、より微妙で省察的になるあり方である。問いは、すべての公演から最大限のものをひきだすために、私たちの若い観客に関与をうながすプロセスとはどのようなものなのかである；これらは本書のパート３でさらに繰り広げよう。

会場の問題

　演劇産業で働く人々にこの研究について話すと、たいてい研究の成果が、子どもの演劇への応答において、会場がいかに重要かどうかを訊ねられた。彼らが知りたいのは、学校の講堂で観るのと比較して、ちゃんとした劇場空間で観ることに観客の応答に差異があるかである。この問いの背景には、演劇を幼い子どものもとへ届ける実践、相対経費、子どもを劇場に連れていく、学校に公演をもっていく厄介さについての全体的な関心がある。しかし、この問いは、実にあらゆる類の他の事象についてのものでもある：劇場に行くという雰囲気、期待、社会的体験ということである。演劇産業で働く人々の観点からは、学校の講堂での公演は、劇場でのそれとは明らかに異なる類の体験である。観客開発については、子どもに演劇を紹介し、子どもに長期にわたる関心とハヴィトスを植えつけることで、劇場への旅はより価値のあるものとして認知されている。ある意味では、学校の講堂で子どもが観るものはパフォーマンスかもしれないが、文化的実体としての演劇ではない。この認知は、研究の参加者の何人かによって、次の対話のように、繰り返された。

121

研究者：　ときには君の学校が劇場に変わる？

クリストファー：　ううん。

研究者：　学校の講堂でお芝居をするために来た人はいる？

クリストファー：　この銀色のもの？（片隅の舞台づくりのスタックを指さし）

研究者：　むむ。

クリストファー：　あれが舞台、だって舞台はここに作られるから。

研究者：　じゃあ、ここに舞台があるのなら、劇場になるのかな？

クリストファー：　劇場でないけど、劇場のように見える。

研究者：　なら、それは何？

クリストファー：ただのお芝居。

　クリストファーにとって、劇場とは建物、雰囲気、観客、行事であり、学校での公演は単なる芝居なのだ。演出家アンソニー・クラークは、学校での舞台は、「残念だが、業界内で仕事を周縁化し、この協働の媒体の全体の可能性に関して子どもの体験を制限してしまう効果がある」と主張する(2002:28)。

　このことは、このプロジェクトが特別に精査する問いではない。研究は正式の会場と学校の講堂での公演を含むものの、変数の数は、確固たる結論を導く困難を意味する。しかし、演劇的能力の章では、この点を指摘しておきたい。『シッポ』は2校が観劇した。1グループはエディンバラのトラバース劇場で観劇したが、もう一方は、学校の講堂で観た。どちらの公演も観客が俳優に対して指示を叫ぶことが求められるシーンを伴った：子どもは中心的なキャラクターに名前をつけ、特別な力を与え、何かが起こっている場所、あるいは素焼の男の子が次に何を食べたかを示すことが求められた。これがトラバースで行われた際、提案は、素焼の男の子が食べた結果をめぐって熱心になされた；お菓子の樽、1000頭のパンダ、お母さんとお父さん、サイモンと呼ばれる小さな男の子である。これらの提案は、全観客から生まれた。子どもがそれらを覚えていて、繰り返し、よく描いたのは、これらの提案があったからだとわかる。インディアの絵（図6.2）は、トラバース劇場のパフォーマンスでの他の参加の瞬間を表現している。いかに観客の提案が、ピンクの城、ボブという名の太った相撲取りを含む、他の物語を引き起こしたのかを正確に描いている(図9.4)。

　対照的に、学校の講堂のパフォーマンスで出された提案は、私の記憶ではよ

第 6 章　演劇的能力

(図 6.2) 劇場の観客たち ［絵：インディア］

りかすんでいて、子どもの絵には稀にしか含まれなかった。しかし、このパフォーマンスでは素焼の男の子がぶどう、パン、チョコレートを食べたのだと思う。これらの提案は子どもから出たが、子どもは覚えていなかったのか、絵には表現しなかった。かなり明白なのは、トラバース劇場での提案は、より優れていて、より面白く、物語の不条理性に合致していた。パフォーマーに適切なチャレンジを与え、より記憶に残るものになった。研究に参加した子どもは、

123

この理由のために楽しんだ。

このことは大規模な混ざった観客の中にいるという体験が、学習の体験であることを示し、子どもが楽しみ、取り入れる参加型の振舞いのモデルを提供する。提案するという子どもの楽しみをみてみると、観客の誰かが、人魚をランボーと呼ぶと提案した時、子どもは完全に理解してはいなかった。パフォーマンスのあいだ、俳優らは行動のなかにその名前に関連する様々な意味を取りこみ、これらの要素が記憶に残り、繰り返され、ワークショップで子どもたちに模倣された。しかし、彼らはランボーとは誰で、何ものなのかのカギをもっていなかった。代わりに、子どもの理解の一部は、より年長者によって所有される、知に対する洞察を得るための幼い子どもの理解なのである。対照的に、1学年のみのグループを含む学校の講堂の観客は、より均一的で、従うべく他のモデルをもたなかった。幅白い観客に向けての上演は、いかなる公演であっても明白な挑戦だが、異質な観客の中の幼い観客 [spectators] は、学習の機会を提供されるのだ。

演劇的能力

私たちは子どもたちにしばしば「どうしてわかったの？」と訊いた。お姫様が長い鼻だってどうしてわかったの？　お天気だってどうしてわかったの？本質的に、私たちは公演が子どもにコミュニケートしたのは何か——装置、照明、衣装、音楽等——を考えるために、子どもに質問していた。子どもは、通常、実際、記号論[3]的分析の始まりが、その意味にとっての演劇的「記号」につながることを示しながら、懸命かつ正確に答えた。

全体として、絵と会話の双方での子どもの応答は、子どもが強い演劇的能力を所有することを示した。子どもは演劇とは何か——舞台の上の人々が振りをしている、あるいは事を行っている——の理解を内面化していた。子どもはパフォーマンスを「把握」し、即座に認知し、異なる演劇的テクニックを解読する能力をもっていた。これこそが、私は当然のこととされる文化的な能力を示唆するものである——子どもが育つにつれ、受動的に発展し、スピーチを習う

3　**記号論 Semiotics**：事象や物事を他のもので代替して表現する手段を研究する学問。演劇分野
　　では、K・イーラム Keir Elam の『演劇の記号論 Semiotics of Theatre and Drama』（1980、
　　邦訳 1995）が知られる。

のと同時に、劇的表現の言語を学ぶ記号論的能力である。クレインは、自身の研究で引きあいにだし、6歳までに子どもが得ると認め、この観察を主張する。

> すでにドラマのための基本的な物語のスキーマが構築されている。3歳から、ごっこ遊びのなかで自分の台本をロール・プレイする；そして、テレビや映画を観るための多くの劇の約束事をわかっているのだ。(2005:44)

しばしば当然と見なされるものの、この文化的能力はかなり高度のスキルであり、認識されるべきものである。

さらに、自分の知識を容易に表現する語彙が、典型的に欠如している一方で、子どもは舞台のパフォーマンスを解読するだけでなく、自分の解読を分析し、省察することもできる。これが年齢によって、また他の要素によって、その程度は、演劇鑑賞の体験、お絵描きと視覚的表象で示した自信と、心地よさを含むものによって変化する。究極的には、パフォーマンスの作用を解読し、分析するこの能力の行使に楽しみがあったことである。演劇的プロセスについての子どもの意識とそのプロセスの享受が、演劇体験に関わるための子どもの能力と意欲を高めた。演劇的提示を分析する楽しみは、能力の楽しみであり、わかる楽しみである。さらに、また、洞察や専門的な知を得る、知の楽しみなのである。

ここから2つの教訓がある。最初に、舞台のパフォーマンスを理解する子どもの能力を憂うる必要はないことだ。わずかな演劇的体験しか持たないものであっても、舞台を解読しうるスキルはある。たしかに豊かな体験が高い能力と高い自己省察の能力を提供し、これが体験を豊かにする。だから、私たちが子どもにオファーする演劇的体験は、シンプルなものである必要はない。

次に、私たちはすべてのギャップを満たすパフォーマンスを憂える必要はなく、子どもが公演と関わると、概して仮定することができる。子ども自身の言葉と、子ども自身の想像力で関わるのである。私たちは『シッポ』が観客に提供した、パフォーマンスに関わり、完成させる空間の総量からポジティブな便益を見いだしている。観客の楽しみは、何がなされようとしているのかを観ることができ、同じく応答するというチャレンジに立ち向かう、この創造的関与の中にあったのである。

しかし、『プス！』への応答のいくつかが、演劇と観客のあいだの双方向の関

係性を、私たちに思い起こさせる。観客は公演に働きかけることができ、その意欲がなければならない。そして、逆に、公演はその観客に働きかけ、観客のためでなければならない。『プス！』は質の低いパフォーマンスではなかった。観客が楽しんでいたことで証明される。しかし、ある特定の方法を除き、子どもはこの体験を得られず、想像力を通して、さらに発展させることはなかった。その観客にとっての相互共振と意味は、経験から芸術の質の特定の印として見なされる。このような関与の広がりの有様は、後章の主題である。幼い子どもにとっての演劇の楽しみは、知的で省察的であり、同時に、即時的な喜びのうちに位置づけられることの認知は重要である。このことは、子どもが観ることと解釈する作業から楽しみを得、子どもはチャレンジと傍観する自分自身のスキルの活用を享受する、そして、奨励されることで、彼らは再び見ること、長期にわたり見ることに関わるようになるのである。

第7章
倫理的あるいは比喩的関わり

　演劇の可能性は、芸術形態との関わりの主な便益として、幼い観客に及ぼす社会的あるいは倫理的効果にあると、多くのプロや教師は考えている。公演の倫理的、社会的メッセージが、子どもの心と、子どもの世界との関係性に直截的にポジティブな影響をもたらすという信念である。合衆国の演出家ピーター・ボロシウスが書くように、青少年のための演劇は、これこそが観客に知らしめ力を与えるという希望のもとで、しばしば「青少年の人生に重大な問題に対処すること」に関わる(2001:75)。

　デンマークの児童演劇のプロデューサーのペーター・マンシャーは、「子どもの観客にとって危険過ぎるテーマない」と宣言し、同様のコメントをしている。しかし、私たちが繊細あるいは難しいテーマを扱う方法は、ケア、尊敬、子どもとの連帯をもって選ばれなくてはならない。マンシャーは、次の証言を続ける。

　　90年代の初頭、シアター・アーティブス［Theatre Artibus］は、児童虐待についての『第4の戒め』(汝は汝の父と母を尊敬しなければならない)と題された非常に有名な作品を製作した。躾と虐待の境界線において、暴力のなかで育つ子どもを扱った芝居である。子どもの台詞の1つが、「彼は私を暴行し、傷つけているにもかかわらず、私が泣くのをやめると、どうして考えられるの？」である。観客は非常に現実的で、驚きすら与える心を動かすとともに、グロテスクな一連のシーンのなかに、その子どもを目撃した。芝居はハッピーエンディングすらなく、多くの大人はこの作品は子どもにはむごすぎるとコメントした。しかし、アーティブスはほとんど全部の公演の後体験したのは、最低一人の観客がやってきて、彼女は自分の悩みや恐れに対し一人ではないことを見せてくれたことに感謝したのである。

127

マンシャーにとって、演劇は「子どもと大人のあいだの社会的対話と理解」のための機会を提供し、教育や子育てのようなものの外側の空間で、異なる種類の対話が行われる場所なのである。第3章で紹介したエクセレンスについてのブライアン・マクマスターの表現は、ここでもたち戻る価値がある。彼は芸術がどのようになしうるかを記述している。

> 世界の中に私たちの場所の感覚作り、さもなければ尋ねなかった質問を投げかけ、私たちが体験したことのないものを理解することも、享受することもできなかった方法で、その答えを理解するのを助ける(2008:9)

このような力を与える影響の認知がどこかロマン主義的であると議論しながらも、ジーン・クレインが主張するのは、「美的体験の証明は、観客の認知と、自己と社会に対する芝居のテーマの比喩的かつ倫理的応用の表現にある」と主張する(2005:50)。このような認識は、パフォーマンスを鑑賞する主たる目的を、主題の内容と共感的な応答の形で、意味を解読するものに減じさせる。実際に、クレインは、子どもの自身の生活と世界全体と、パフォーマンスの「仮想世界から、即時的で比喩的な関係性づくりでの子どもの失敗」について論文に書いている(1989:12)。このような応答は重要である一方、そのような優越性を与えるために、失敗という単語によって示されたものは、あまりに偏狭な認識である。それは、例えば、スペクタクルと芝居について、あるいはパフォーマンスの主要な意味といった、他の類の応答の重要性を無視している。それはまた倫理的あるいは比喩的な関係を運ぶことだけが、芝居の価値と帰するものに思われる。検証してきたように、本書で扱った子どもが観た公演のいくつかは特定の問題を引き起こした。本研究と関連して観た公演の中で、『マーサ』だけが、倫理的あるいは社会的応用に集約された応答を期待したものだった。だからこそ、『マーサ』の明白に道徳的な内容に対する子どもの応答を、ここで検証しよう。

友情

大人の観客にとって、劇団キャサリン・ウィールの公演は、明白なまでに道徳的である。芝居は悲惨なトラブルメーカーの少女マーサが、郵便配達夫の友

情を拒絶し、「あっちいけ」と書いた旗を家の上に掲げ、雁を追っ払おうとすることから始まる。その後、雁の存在に対するマーサのいやいやながらの承認から、雁が家族に再合流するためにマーサのもとを去る時には、悲しみと理解を彼女にもたらし、本物の愛情になるという物語が続く。芝居の終わりには、マーサは郵便配達夫の友情の申し出を受けいれることが示される。幼い子どもにとって、友情は明らかに即時的な関心であり、友だちの重要性についての芝居のメッセージは、ワークショップの参加者の多くに共有されていた。公演の終わりで郵便配達夫とともに笑顔のマーサが去っていく、あるいは、マーサの雁との友情を示すために、笑顔のマーサを描いたと説明することで、子どもはこのことと交流した。

> **研究者：** 君が描いたマーサの気持ちはどう思う？ マーサは少し笑っているように見えるけど。
>
> **ヘレナ：** だって、幸せだから。雁がやってきて、マーサは友だちをつくりはじめたから。
>
> **研究者：** それで、そのことがマーサを幸せにしたんだね？
>
> **ヘレナ：** マーサはいばりんぼだったんだけど、雁が来るようになって、いい人になり始めたの。
>
> **研究者：** それじゃあ、雁がマーサを変えたんだね？
>
> **ヘレナ：** 雁が彼女を変えたの。そのことを言うために、雁はマーサをからかっていたんだと思うの。ただマーサをいい人にするために。

同様に、ロナンは、マーサのこの変化は、作品で最も重要だったと主張した。

> **研究者：** お芝居で最も君が覚えているだろうことって何だと思う？
>
> **ロナン：** 最初、マーサはあまりいい人じゃなくて、でも、マーサが親しみやすい人になっていった事を覚えていると思う。

従って、この意味で、子どもは作品の意味を認知し、解読した。しかし、クレインは、友情のような芝居のテーマとなる概念を、子どもの大半が、「単純に、パフォーマンスの中でキャラクターが何を言って何をしたかを物語ることで」解釈すると述べ、このような直截的な主張に対して、重要な警告を提供している

129

(図7.1) 泣いている雁 ［絵：カレン］

(2005:51)。このことは、次の反応によって支持されているように思われる。少し距離をもって起きていることとして、体験を構築するあり方で、マーサが体験する出来事によって、友情の意味を提供する。子どもがこれらのテーマを語るという事実が、それに対する彼らの重要性を示すと議論できるが、クレインが正しく観察するのは、「子どもの生活とは関連しないようにみえる」あり方で語られることである(2005: 51)。この公演において、一つの例外は、雁がマーサのもとを去るシーンの絵についてのカレンの議論だった（図7.1)。

  研究者： どうして雁は泣いているの？
  カレン： 行くのは悲しいの、でも、幸せでもあるの。
  研究者： それは複雑な感情だ（カレン：うん）。それで、なぜ彼は悲しくて、なぜ彼は幸せなのかな？
  カレン： 幸せなのは旅立つからで、悲しいのは友だちを残していくから。
  研究者： そうか、そこに教訓か、大切なメッセージがあると思う？
  カレン： うん。
  研究者： そうか、それはどんなこと？

第7章　倫理的あるいは比喩的関わり

カレン：	それはね、雁は本当に、本当に……雁はマーサを他の人にフレンドリーにすることを考えさせるよう努力したの。
研究者：	お芝居がメッセージを持つことが大事だって、思う？
カレン：	うん……なぜなら、なぜなら、それは私の弟がもっと友だちをもてるようにするから。なぜなら、弟はいま苛められているの。

　カレンは公演の主題の内容を明快に要約し、自分自身の経験に応用した。しかし、カレンの応答はまた、次のクレインの論争の他の側面を示してもいる。

　芝居は、若者たちが知らない、また認識していない「新規の」情報を「教える」というよりは、すでに学んだ概念的な考えを主張し、補強するものでありそうだ。すでに知っていて、自分の人生で類似の状況を体験したことがあるために、言い換えれば、子どもは比喩的な応用を要約しうるのである。(2005:51)

　この描写は、確かに、カレンの位置に合致し、クレインを難問に導く：もし私たちが子どもに新しい主題の教えを提示するお芝居を製作しても、子どもはそれらを普遍化し、自身に意味のあるものとして応用できそうにはない；一方で、子どもが（容易に）主人公の現実に入りこめる芝居を見せるとしたら、私たちは単純に子どもの現在の経験知を複製しているだけになる。そこで、この要因が、パフォーマンスのあいだの子どもの落ち着かない、気の短い振舞いのもう1つの理由を説明する——経験し尽くしたのである(2005:51)。クレインがその他に綴るのは、「演劇は人間の状況について、子どもの態度を変えるようには見えない；むしろ、演劇はすでに「真実」としての経験を通して、子どもがわかっていることを強め、確かめる」ことである(1993:16)。

　観劇した公演の性質が意味したのは、私の研究がこの要素に直截的に焦点を置かなかったことであり、それゆえに、前もって知らなかった主題の内容から子どもが学ぶ能力についての最初の難問の側面に対処できなかった。しかし、クレインは、顕著なまでに、上演され、提示された子ども自身の経験と知を見ることの、子どもにとっての重要性を過小評価しているように見える。単に現在の経験知を複製することからほど遠く、この複製は、子どもの認識を主張し、子ども自身の判断を支持することにおいて役割を果たす。例えば、マーティン・ド

131

ルーリーはいかに芸術がパワフルに「子どもたちが意味を作り、自分自身と世界の感覚を作りあげる突出した方法」を提供するかを描く(2006:151)。これは確かにカレンの論拠となるように思われる。マーサはカレン自身の経験を確認する役だったのだ。既知の公演の質、だから落ち着きのなさを示すこととはほど遠く、カレンの絵と会話の関与の性質はその正反対を示している；公演は彼女にとって的確に特定の意味を持っていた。だからこそ、自分の経験知を確認したのである。

このプロジェクトに関連した他の２つの公演は、その倫理的あるいは主題の内容について簡単に考慮し得ないために、より問題を内包した。誰にとっても『プス！』から道徳的または比喩的な解釈をするのは難しく、子どもは確かにそのようにはパフォーマンスに応答しなかった。最も近いコメントは、バイリーからのもので、パフォーマンスは「静かだった」と答えたことだった。『シッポ』では、状況はより複雑である。物語のいくつかは民俗的あるいは寓話の伝統によるもので、貪欲、詐欺または野心についての道徳的な教訓を含んだ。しかし、子どもはほとんど完全にこれらを無視し、教訓が物語にあったかどうかと明白に尋ねられると、稀にだけそのようなテーマの感想が生まれた。この例のように、応答は短く、興味深いまでに文字通りである。

> **研究者**： その物語で道徳があったと思う？　君が学ばなきゃならないもの。
>
> **アイマン**： うん。
>
> **研究者**： どんな教訓？
>
> **アイマン**： 他の人のものを食べちゃだめ。
>
> **研究者**： 他の物語には教訓、道徳はあった？
>
> **アイマン**： えーっと、物語の１つでは、素焼の男の子を作らないってことだった。

ある程度まで、これは子どもがしばしば、個人的あるいは普遍的な教訓をひきだす以上に、語りのイベントを、単純に数え直すというクレインの認知を主張する。この場合、このような教訓は、貪欲あるいは神を弄ぶことだったかもしれないが、かえってコミカルになる。しかし、この素材から、さらにもっと顕著なのは、子どもの関心がどこか他にあり——語りにおいて、特定の公演が

完全に適切だったことである。ある公演の主たる概念、あるいは伝統的なものがかなり教育的目的を持つという、道徳的あるいは主題の内容を伴うと、私たちはしばしば考えるかもしれない。しかし、『シッポ』の意味は、その公演そのもの性質に存する。同様に、『プス！』の主要な概念を明らかにするには、『プス！』の主たる概念を明らかにするために、バイリーが明確にしたように、最良なるものは創られた雰囲気と、人形が操作されたあり方にある。

『マーサ』の場合、子どもの大半が友だちについての芝居の主たる概念を見いだした。クレインとは対照的に、私が論じるのは、このような既知のテーマの表示が、子ども自身の知と世界についての感覚を規定し、再確認することに重要な役割を持つことだ。しかし、『マーサ』から子どもが学んだのは、この主題から大きく外れているというのが私の主張である。子どもの関心は、演劇的提示の性質と幻想についてのコミュニケーションに集中したのである。

カレンの絵では、泣く雁のイメージが優位を占めるけれども、私たちはまたカレンの経験の他の要素の表示をも考える。このことは、人形の本物の雁への非常に完全なる想像的な転換と考え方の著しい利用を含む。だから、絵は高度に視覚化される。それは、道徳的教訓のコミュニケーションが、幼い観客のための演劇を認めるための、わざと親切にするとともに独裁的なものにも思われる。代わりに、演劇はより幅広く、世界が理解される様々なモデルを提供するのである。

part 3
関わりを広げる

第8章
関わりを広げる

　ここまで子どものための演劇の質と野心にまつわる問いを探り、このような主観的な基準をいかに測定するのか、そして幼い観客がその演劇との出会いから私たちが何を望むのかを問いかけてきた。私が示唆したのは、質を考えることが芸術作品のもつ力を私たちに考えさせることであり、その世界が難しくなればなるほど、より長く、より詳細になることだった。文化的体験の質は、知的に、想像的に、感情的に私たちを関与させ、その共鳴を長らえさせる。このことは確かに、大人のための演劇では確かだが、子どものために作られる演劇にも、私たちは同じ野心を持つべきなのである。

　子どものための演劇作品は、典型的に60分を越えることはない。それで終わる。その60分は自己充足的な実体として見られ、子どもの人生とは切り離されている。ここに本質的な間違いはない。観客がその60分間に楽しめれば素晴らしい。だが、おそらく私たちはこれ以上のものを求めるべきなのではないのか。子どものための演劇の質の基準は、大人の演劇同様に、体験の瞬間に楽しみを提供する力であり、長く幅広い関わる楽しみを提供する力にある。

　この出会いの広がりへの関心は、芸術経験が何を意味するかの哲学的概念化の1つの特徴である。哲学的概念化が即時的な感覚の関わりだけでなく、個人が省察的にその関わりをもって何を行うのかを強調する。クライブ・カゾウ[Clive Cazeaux] は、エマニュエル・カントの審美的関与の概念の推敲で、「体験は感覚の印象の受容ではなく、探索あるいは問いの形態であると示す。体験を持つことは、世界を知ろうとする積極的な状態にあることなのだ」(2000:67)。

　ジョン・デューイ[John Dewey] [1]が『経験としての芸術 [Art and Experience]』

1　ジョン・デューイ(1859-1952): 合衆国の哲学者・教育思想家。問題解決学習の始祖。子ども中心主義の教育の理念・実践を世界に広げた。

で同様に主張するのは、「普通の考え方からすれば、芸術品は往々人間の経験を離れて存在する建築や書物や絵画や彫刻と同一である。だが、実際の芸術品は、製品が経験とともに、また経験の中でする働きのこと」である (1943:3, 邦訳1969:3)。演劇では、それゆえに、舞台の上で何が起きるかだけでなく、それを見る観客の心、想像力、記憶の中で何が起こるかが重要になる。審美的体験の性質についてのこの認知は、幼い観客という特定のコンテキストで書かれていないが、児童青少年の芸術的関与に対する私たちの野心が大人のものとは異なるべきという理由は見いだせない。

　子どもが複雑な演劇的パフォーマンスを理解し、それらと様々なレベルで関与する能力とスキルを持つことを見てきた。しかし、同時に、子どもがその関与を高めるべく招かれ、積極的に奨励されることなしには、主として即時的レベルに留まる。つまり、パフォーマンスの60分である。

　私たちは理にかなってこれで十分に適切だと主張できた。しかし、子どもが語り、キャラクター、テクニックを、自分のものにするときに生まれる応答の豊かさと遊び心を無視する。また、このようなさらなる関わりが、パフォーマンスの——創造的、想像的、感情的かつ技術的な——子どもの知識と所有権をいかに深め広げているかの成果を無視しかねない。

体験プラス

　幼い子どもの演劇の審美的関与の議論において、ジーン・クレインは、観客の注目について2つの幅広いカテゴリーを構築する。最初は、娯楽や逃避のために見る「儀式的見者 [ritualistic viewer]」であり、主に受動的な方法で、ほとんど精神的な努力を払わない。2番目が、公演から社会的情報を積極的に引き出す「道具的見者 [instrumental viewer]」であり、高度の精神的努力を払い、自身の既存の知に新しいメッセージを統合させるために見る(2005:44-6)。クレインが示すのは、学校という場、児童自身の選択、感情的なムードや、イベントの教師のとらえ方といった様々な要素が、子どものパフォーマンスの利用のタイプに影響を及ぼすことである。

　学校のコンテキストで、明らかに最後の点は不可欠であり、児童演劇の正当性の1つは、その教育的な影響、その道具的な影響に置かれる。劇団、芸術家、教育者らは、ますます公演とパフォーマンスを助けるティーチャーズ・パック

や他の資料の活用で連携してきた。これらの資料は、一般的に、公演で提示されたテーマやキャラクターの探求を奨励するために作られた諸活動を示し、子どもの発達と学習の主要な要素とのリンクを作り上げる。

このような資料の効果については、証拠も明確な評価も存在しない。資料を用いての演劇と子どもが関わることから生まれる活動の質は、疑いなく高いものの、取りこみの程度、その真の便益、影響は知られていない。しかし、第1章で論じたように、カリキュラムが求めるものに焦点を置くことは、公演のエクセレンスや演劇的体験そのものにダメージを与えかねないと表明する解説者もいる。例えば、演劇評論家リン・ガードナーは、「あまりに多くの作品が、明らかに演劇創造への熱意ではなく、公演を売るという熱意に突き動かされるのを見ている。その主なセールスポイントは、学習指導要領に沿うこと」だと認めている(2002:35)。私自身の認識は、公演資料の特殊性と、特定の公演のために作られ、特定のテーマを導くために設計されるあり方は、制限因子であることだ――鑑賞のテーマを絞り、それに従って応答する、1つの解読の方法に同一化させてしまう。証言から、私はこのような資料は生みだされた経験と応答を平坦にし、均質化する傾向を見いだしてきた。

また、ティーチャーズ・パックや他の資料の潜在的な目的が、いかに儀式的見者を道具的観客へ変換させるのかは考える価値がある。受け身の儀式的観客から、思考する観客への変換は、一見して魅力的だが、いくつかの懸念をも提示する。クレイン自身は、これに対し、プレ・パフォーマンスの学習が公演からすべての驚きを奪い、体験の結果は、「前に学習した情報の比較の行為」に終わる可能性をもつと警告する(2005:46)。個人的見解として、彼女はこう続ける。

> 私は教師らが期待する全ての公演の学習ガイドを教師に提供しているが、私は実際にそれを嫌っている。なぜなら、個人的に演劇は驚かすものであって欲しいからだ。代わりに、私は全ての理解は公演そのものから生まれるべきもので、学習ガイドからではないと信じる。(2005:56)

芸術的信念として、クレインは確かに正しい。しかし、観客に関わり、教育する導入方法として、あまりに純粋主義の態度である。第2章で探ったように、一部の児童青少年にとっての認識を誤る。求められる文化的な財とハヴィトスの欠如は、芸術作品への単純な露出では解決し得ず、積極的に彼らを芸術の関

第8章　関わりを広げる

与から疎外しかねない。

　この論争は、児童演劇の質と、早期の芸術体験と、未来の鑑賞行動との関係性についての第1部での議論と興味深くつながる。私が示したように、質はより豊かなものにし、演劇パフォーマンスにより深く関わるものにする野心に関係する。子どもの関与を高める資料と他の意識的努力は、体験を教育化するリスクを冒す。しかし、私たちは子どもの演劇との関与と単純なパフォーマンスの露出が限定された影響しかもたらさない性質を、批判的に測定する必要がある。子どもの演劇体験が、積極的、自己省察的、かつエンパワーするあり方で、パフォーマンスと関わることに子どもを招き入れるよう奨励されるべき、というのは合理的に思われる。それは体験の想像的かつ知的なアフターライフを広げるからだ。

記憶、省察、そして変換

　　サラ：　　　覚えていることから始める必要があるわ。
　　研究者：　　そうか、それはいいアイデアだね。何を描くか考えることから
　　　　　　　　始めてごらん。何を覚えているの？
　　サラ：　　　太陽を覚えているわ。
　　研究者：　　太陽などんなだった？　物語に太陽は出てきたのかな？
　　サラ：　　　ううん、物語の中じゃないの。
　　研究者：　　物語のどこかに出てきたんだ、太陽？
　　サラ：　　　ええ、覚えているわ。

　演劇と生のパフォーマンスを定義づける特徴は、後になって、それを話す時にそこに存在しないことである。視覚芸術、ビデオ、小説あるいは物語とは異なり、私たちは生のパフォーマンスを見るスピードを制御することはできず、再生、再読、再見できず、後になってそのイベントに再相談することはできない。演劇の儚さは、体験にある特定の性格をもたらす。それはパフォーマンスの束の間の通過により刻印されたものであり――もし何かを見逃しても、取り戻すことはできない――イベントの後に、記憶の要求を持ち込む。ピーター・ブルックが述べるように、演劇は「その瞬間の、その場所の観客のためのイベントである――それで終わってしまう。跡形なく去るのだ」(Melzer, 1994:148)。

139

私の研究は、子どもたちが自分の見たパフォーマンスを覚え、事実の思い起こしと想像的な再構築を含む、プロセスへの関わりを求めた。その日の午前中に見た子どももいるが、その前日に見た子もいた。全ての事例で、演劇はもはやそこになかった。芝居は終わり、残された全ては彼らの記憶だけ、あるいは、その欠如だった。

ロビン：　　わかんない。だって、覚えてない。
研究者：　　何も覚えてないの？
ロビン：　　むむむ。
研究者：　　大丈夫、覚えているよ。
ロビン：　　だめ、覚えてない。

　子どもの記憶を通しての作業が示した結果を解読する際、認識すべきことは、「覚えてない」「わからない」「何も考えられない」と語ることが、子どもが私たちの問いについて考え、答えるのを避けるために用いる手段だったことだ。しばしば思慮のない反射的なものであり、おそらくは、自身が関わり、自身を晒すのを避ける方法だった。ほとんどの場合、それが子どもたちに自分自身の方法で考え、応える空間と時間を与えた。この応答を乗り越える役に立つ方法は、子どもが「わからない」と言う理由を、遊び心で認めることだと私たちは知った。

研究者：　　あれ、マイケル、君の絵はほんとうに良くなったようだね。さあ、準備はできた。君は私たちのために何を描いたのかな？これは誰？
マイケル：わからない。
研究者：　　（笑いながら）君はわかってる。君はただ僕に話したくないだけだ。

　もちろん、「思い出せない」は、また本当でもありうるし、ときに欲求不満をもって語られる。

シャンテール：　男の子に何が起こったかは覚えている。

140

第8章　関わりを広げる

研究者：　その子に何が起こったの？

シャンテール：　ええと……そのときに、あ、なんか、また忘れちゃった。

　パフォーマンスの後の研究ワークショップの目的は、パフォーマンスについての子どもの記憶の正確さやその程度を測るものではなかった。研究の一環として、パフォーマンスのイメージ写真を順番に置く子どもの能力を通して、子どもの記憶力を試そうとしたジーン・クラインの研究とは正反対である(1989: 10)。最初の試験ワークショップで私たちが気づいていたのは、私たちの質問が記憶力テストの傾向を持っていたことであり、より楽しく、転換しうる可能性を抱くために、この傾向を取り除こうとした。結果として、私たちの研究は子どもの思い出す能力を測定せず、また彼らがワークショップに参加した時には、子どもがパフォーマンスをいかによく覚えていたかを判断しなかった。しかし、明らかなことは、セッションが終わる迄に、最初よりも、多くを彼らが覚えていた、あるいは意識的に呼び起こしたことだ。

研究者：　それで、事をハッピーに終わらせるために何が起こったのかな？

ベン：　思い出せない。

研究者：　思い出せないんだ。わかった、多分、お絵描きを続けたら、君が鳥を描いた時のことをもっと思い出すかもしれないね。

ベン：　いま思い出した。

研究者：　いま思い出したんだ、何が起こったの？

ベン：　さっきも覚えてたよ……さっきだって覚えてた。

　対話とお絵描きを通して、子どもが公演についての記憶に関わることが求めたのは、放置するのではなく、彼らが見たものを、もっとたくさん思い出すことである。時に、子どもは何も思い出せないと断言することで応じたが、研究のプロセスは彼らの記憶を発展させる構造と、彼らの体験と解釈を分かちあう意欲的で関心をもつ聴き手を提供した。このことが子ども自身の観点に価値を置き、自分が見たものを考えさせ、つながりを作り、意見を形成するのを促した。

　これに対する証拠は、独立して導きだすのは難しい。というのは、特定の事例、あるいは交流で起きるものではないが、観察、意見、新たに再確立した関

141

係と、絵それ自体に生じるからである。私たちはそれを、上記に引用した4つの交流のあり方にはめ込んだ。後に、満足し、報いのある想起の瞬間に急速に動きだし、言葉や絵で表現したからだ。これはかなり良識のある観察である——もし何かに省察の時間を費やすならば、意識的にそれについて思い出そうとし始める——しかし、指摘すべき価値もある。第1に、これらの観察は、暗黙の示唆を内包する。子どもが積極的に思い出すことが奨励されない限り、記憶を発展させ、省察することを子どもはしない。第2に、それが幼い観客をもっと効果的に支援する戦略とは何かについての私たちの思考を手助けする。そして、最後には、そこに明白な楽しみと便益があり、それが子どもの想起を促したのである。

　さらに、強調すべきは、これらの記憶が、事実の想起と想像的な再構築の両方を伴ったことである。人間の記憶は間違いやすく、忘却と変換を行う。正確さ、事実の想起が目的となる特定の環境では、子どもの記憶の変換する特徴は問題を含む。しかし、演劇では、パフォーマンスの記憶は正確な想起ではなく、変換の再構築であるべきと主張する伝統が存在する。例えば、エウゲニオ・バルバ [Eugenio Barba] [2] は、パフォーマンスの記憶は、舞台で何が起きていたかではなく、観客の心と後の記憶で何が起きているかだと主張している。

> 電子記憶、映画、再現性の時代において、演劇パフォーマンスは、生きた記憶が博物館ではなく、変容を余儀なくさせる作品を通して、それ自体を定義する。(1992:78)

　明らかに、実際に何か起こったのかについてのその不完全な変容にもかかわらず、バルバは観客の記憶に価値を置かない。だが、それゆえなのである。バルバが論じるのは、記憶はこの変形し、多重で、移動の性質において、このような変容を経験し、前ではなく後になって、生の演劇の重要なアイデンティティに近づく。このような観点を取ることで、私たちは省察と分析を通して、さらに、創造的な劇の中での彼らの変容する関与を通して、子どもの事実の記憶と理解を深める見地から、子どものパフォーマンスとの持続する関与を考える必

2　**エウゲニオ・バルバ**（1936 −）：イタリア人の演出家・理論家。デンマークのオディン・テアトレットならびに国際演劇人類学スクールの創設者。

第8章　関わりを広げる

要がある。より顕著で創造的なのは、これらの要素が同時に生じる瞬間であり、新たな洞察と反応が生まれるのである。

　演劇のティーチャーズ・パックのもつ、特殊で、幅が狭く、時に閉ざされた性質よりも、むしろ、この活発で自己省察的な関与の類であり、次の2つの章で提示する概念と方法を導いていく。その目的は、事実の想起や記憶テストを刺激するだけでなく、省察、遊び、変容、知を発展させていくことである。以下の2章は、子どもの記憶において、1個のパフォーマンスがいかなる類のアフターライフを持つかを探り、このアフターライフがいかに広げられるかを考え、いかに子どもが積極的に自分の体験を遊ぶかを問いかける――とりわけ、お絵描きと会話を通して。子どもが演劇と関わることが、公演を前にして座っていること以上のものを伴うという理解に焦点を置く――単なる芸術の露出以上に。そこには体験をコンテキスト化し、強め、枠組み化する責任が伴うのである。

　以下の2章は、とりわけ自分たちの芸術的かつ演劇体験について幼い子どもと対話する必要のある芸術家、研究者、学生、教師に向けられている。子どもの体験の深化を導くのを支援するツールボックスとなることを意図するものだ。従って、芸術家、教師、研究者の位置の融合を求める。彼らは子どもとの審美的追求に関わる全てを求める人々だからである。

143

第9章
体験を描く

　お絵描きを用いるのは、子どもたちが様々なコンテキストで考え、感じ、コミュニケートできるようにするためだ。例えば、アート・セラピーでは、子どもの芸術作品は、経験、感情、記憶を探求し、解読するための省察的で瞑想するツールとして長く用いられてきた。ケイト・パウル [Kate Pahl] は、お絵描きが子どもの客体化 [objectification] を助ける(Coates, 2004:7)と示す一方で、リング [Ring] とアニング [Anning](2004)は、「行動、感情、あるいは体験を再提示するために、また複雑な物語を語るために」子どものお絵描きを使うと強調する。アート・セラピーでのお絵描きの活用は、「絵を描くことが内面の心理的現実と、そのイメージを作る個人の主観的な体験を表象するという信念の受容」に基づいている(Malchiodi, 1998:5)。

　従って、本書で探求する研究方法は、幼い子どもの体験と関わる方法として、美術ワークショップの活用を模索した。私の考えはまた、アイリーン・アダムス [Eileen Adams] に影響を受けたものだ。1999年の英国で始まり、なぜ絵を描くことが、なぜ教育と日常の生活においてもっと高く評価されるべきかを示す目的をもった「お絵描きキャンペーン」の主要人物である。青少年と関わる時のお絵描きの可能性について、アダムスは次のように書く。

> 問いかけ、理解、コミュニケーションのツールとして、いかに用いるのか。お絵描きが青少年に可能にするのは、自分たちの体験を整理し、理解させ、概念に形を与え、自分たちの他者に対する考えや感情とコミュニケートすることである(2002:222)。

　教師、アーティスト、他の文化従事者にとっての挑戦の1つは、芸術形態の認知を教育化せず、代わりに、子どもが批判的かつ創造的な段階でより深く関

第9章　体験を描く

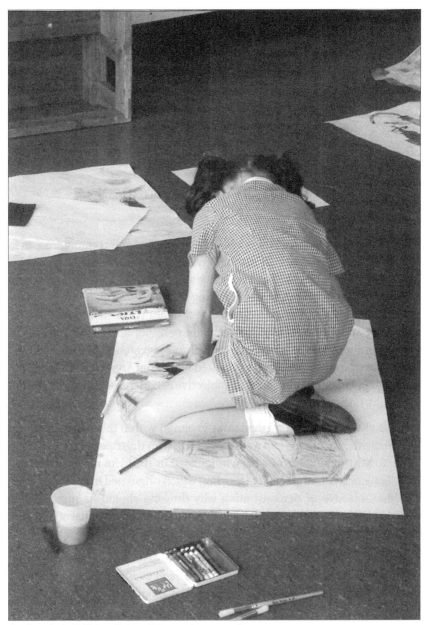

（写真9.1）お絵描きに夢中。研究ワークショップで。
［撮影：ブライアン・ハートレイ］

われる方法で、芸術と子どもの積極的な関わりを見いだすことにある。お絵描きを使って構築された探求の、1つの有効なアプローチである。記憶、観察、解釈、創造を通して体験を高める方法の事例を提供する前に、本章では、手短に、演劇体験に関し、お絵描きを用いる可能ないくつかの方法を議論する。

でも、描けない！

　多くの大人は、絵を描いたり、絵を描くよう求められることを非常に恐れる。多くの大人は、本能的に「描けない」と主張するだろう。しかし、このコンテキストで絵を描くことの役割は、確かに最善を尽くすのだが、スキルや正確性ではないことを思い出すことが重要である。代わりに、主として、表現、絵の異なる表現的な質の探求、異なる洞察についてであり、それが話す以上に何かを描くことで見いだせることだ。

　大人と異なり、ほとんどの子どもは気前がよく、豊かな素材があれば、喜んで絵を描き、自由なお絵描きの機会を喜び、楽しむ。中には、絵が下手だと大人に言われてきたために苦しむ子どももいる。「描けない」という不満は、ほとんどは大人から耳にするが、残念なことに、とりわけ、子どもが自分の絵を、代表的な写実主義の厳しい基準によって判断し始める9歳頃から、子どもからも聞こえてくる。自分の成果と能力に失望し、時に、君は描けないという他者の不親切な判決を受けいれ、この年齢の子どもは一緒に絵を描くのを断念しかねない(Malchiodi, 1998:91-96)。子どものお絵描き能力として、マシューズ[Matthews]が、「能力と成果 [competence and performance]」(1999:94)と呼ぶもののあいだに広がるギャップは、自分たちが望む、あるいは想像していた表象に、必然的に合致することに失敗する。どうしたいのか同様、自分の心象を現実化できないのである。幼い子どもにはほとんど問題にならないが、年長の子どもには障害となる。

　能力と成果のあいだのギャップが、子どもに描き方について特定の戦略と選択肢を選ばせる。彼らは自分のお絵描きと、自分が生みだした絵についての自身の表現と理解を変える。例えば、あるワークショップで、子どもの何人かが、雁の絵を描くことに苦労していた：自分の絵に失望したある女の子は、代わりに、アヒルだったとした。ある男の子は歪んだ形の雁を、おもちゃの飛行機に変えた（あれ、鳥を描こうとしていたのに、おかしくなっちゃった、だから、お

146

もちゃの飛行機にしよう）。別の公演で、ある男の子はお絵描きの終わりに達した時、物語が求めた何百匹もの犬のための余地がないことに気づいた。1匹だけ。彼が作り上げた説明は、その犬は残りの犬よりも早く走れたが、他の犬は遅れてしまい、絵の外というものだった。

　そこでは、お絵描きの能力と成果のあいだのギャップに対する応答は、子どものやる気を削ぐものになるか、または、オルタナティブには遊び心、解放としても見なせる。いずれの事例でも重要なのは、私たちがお絵描きの相対的な正確性ではなく、創造かつ表現の内容に関心を抱いていることを子どもが知ることである。これを実行する最良の方法は、大人の自身の優れた、あるいは、あまり優れていないお絵描きの能力をモデルにすることだ。

　参加者に自身の芸術的能力やその欠如を忘れさせ、単純に紙に印をつけていく──ひと筆描きで線を引く、逆手で、あるいは目を閉じて線を引くといった──役割をもつお絵描きのワークショップで始めることは役に立つ。このような外的に課された制限は、お絵描きの質と内容から焦点をはぐらかすためのエクササイズである。あるいは、ペン、鉛筆、絵筆をテープで結わえた長いステッキをもって描くのもいいだろう。結果として生まれる絵は、「正しくしたい」という願望にとらわれない、より表現的でコミュニケートするものになる。

知としてのお絵描き

　一旦、子どもが観たパフォーマンスの絵を描いたら、次は何か？　ほとんどの教師、親が一般的にするように、子どもに描かせることは初めの一歩に過ぎない。その後、その絵は手短に褒めたたえられ、壁に飾られ、あるいは劇団に送付される。しかし、その絵は探求的な対話、省察の基礎として用いることもできる。絵についての対話に子どもが関わることは、絵の背景のプロセス、試行、知を生じさせる（第4章で論じた質問のテクニックを参照）。

　お絵描きのプロセスで生じる洞察は、さらなる考察の根拠となる。これらの洞察を促し、容易にするのは、しばしば教師、親、芸術従事者の役割であるため、お絵描きで探るものについて、イメージの内にある暗黙知 [tacit knowledge] [3] の概

3　**暗黙知**：認知の過程、言葉で示せる知覚に対して、説明し得ない身体的認識。自転車に一度乗れるようになると、年月を経ても忘れない。だが、言葉では説明できないという事例がよく用いられる。

念を持つことは役に立つ。

パワー・ドローイング［Power Drawing］[4]から出版された冊子シリーズを通して、アダムスは、子どもによってではなく、説明と実験を命令する手段として、いかにお絵描きが用いられるかを描いた(Adams and Baynes, 2003)。アダムスはお絵描きを通しての子どもの知と体験を検証する豊かな可能性を示している。私は演劇パフォーマンスの体験を学習し、解釈する方法として、いかなる方法でお絵描きが検証の形になりうるかの分析を発展させることにおいて、私は彼女の研究に頼った。私はこれを4つのパートに整理する：記憶、観察、解釈、そして創案である（**表9.1参照**）。

記憶	● 絵を描くことは、我々が体験を理解する助けとなる。 ● 絵は体験のトレースであり、我々は自分の記憶をもっと十分に再処理でき、理解できる。 ● 絵を描くことは、感覚、感情、概念、思考の整列を手助けする。
観察	● 絵を描くことは、我々が見たものをより詳細に見て考えるのを助ける。 ● 絵を描くことを通して、我々は見たものの質を精査し、学習できる——それが形、構造、パターン、質感、空間の中のものの位置、形、構造、パターン、質感、光の劇、あるいは空間の中での位置であろうとなかろうと。
解釈	● 我々が見たものを明らかにする際、絵を描くことは、シーンの根底にある性質やキャラクターの本質に到達するために役に名前をつける以上の助けとなる。 ● 絵を描くことは、体験を省察し、解釈し、おそらく新たな洞察を成し遂げるのを助ける。
創案	● 絵を描くことは、未発達な段階から形成へと概念を発展させる。 ● 時に、概念は描かれた記号から生じる。 ● 時に、創案は、幸福なアクシデント、意図しなかった印やシミの結果である。 ● 絵を描くことを通して、我々は、新たな関係性とシナリオを加え、変化させ、創造することができる。

【表9.1】知の形成としての絵を描くこと（アダムスとバイネス（2003）を基にする）

---

4 パワー・ドローイング：1871年にジョン・ラスキンが設立した非営利団体ギルド・オブ・セントジョージが、ラスキンの死後100周年を期に始めた絵を描くことを奨励するキャンペーン。

第 9 章　体験を描く

記憶

　アダムスが示すのは、絵を描くことが体験の理解を助け、感覚、感情、概念、思考を秩序づけることである。より実践的で重要なのは、絵を描くことは、時間をかけ、省察と想起のための場を与える活動なのである。

　　研究者：　　それで、君が描きたいものについて考えているんだ？
　　エリー：　　えへん。
　　研究者：　　そうか、何を覚えているのかな？
　　エリー：　　たくさん覚えているわ、でも、どう描くのかがわからないの。
　　研究者：　　お芝居で何が好きだった？
　　エリー：　　ううん。
　　他の児童の介入：　　エリーは何度も本当に戸惑ってたんだよ。
　　研究者：　　ごめんね、お絵描きを始めたいだけだよね？　それなら僕は離れるから、どう？　オーケー。

　お絵描きはどこかで始められなければならず、これを決めるのは常に容易ではない。しかし、上記の引用で示すように、即座の言葉の応答により要求されるよりも異なった、より私的な力学の決定である。そして、一旦、どこで始め、何を描くのかの最初の決定がなされたら、絵は描かれるにつれ進展し、変化する：エリーは、自分が覚えていた体験の複雑でとらえ難いものについて話さなかった。ビデオ作りやドラマのような、他の創造的なタスクを基にする活動以上の、お絵描きの特殊な利点は、それが即時的であることだ。これがとりわけ、子どもと作業する際にふさわしいものになる。

　子どもがお絵描きを始める時、何を考えているのだろう。子どもの作品を完成させるための一定の時間に継続する記憶と省察のプロセスは、最終的な絵に反映されているかもしれないが、知の顕在化にはならない。次の『プス！』の人形使いについての交流のように、子どもが描き、同時に話すときに、それが最も明らかになる。

　　マックス：　それで、僕は頭にかつらを被った男の人を見た。

149

研究者：	頭にかつらを被った男の人？　頭にかつらを被った男の人は覚えてないんだけど、もう少し教えてくれないかな？
マックス：	頭にかつらじゃない。僕、その人を知っている。彼を描けるよ。大きな人じゃなくて、人形を必要としてた。
研究者：	それで、頭の上にあったのは何だと思ったのかな？
マックス：	レンガ。
研究者：	頭の上にレンガ？
マックス：	いち、に、さん、し、ご……僕、自分の指を数えているんだ。でも、彼は人形じゃなかったよ。
研究者：	彼は人形じゃない……
マックス：	彼は人形を動かしてる、その人を知っているよ。

　マックスは絵を描きながら、自分の絵についてのコメントを提供しているが、体験とその体験の知は描く行為により、彼の心に戻される。

　描くという行為は、子どもに見たものについてのより多大で詳細な想起を促し、記憶を呼び起こす能力を試すことを子どもに求める。このことは、意味を作る、あるいはキャラクターや場のようなものとコミュニケートするために、注意深く細かな詳細にわたる蓄積や小道具をあえて用いる公演において顕著となる。私の研究に参加する子どもの多くは、このことを喜び、観察的詳細さをもって自分たちの絵を満たした。例えば、ある子どもは、マーサの家の絵を描き終えたかを訊かれた時、「ゴミと海のディテールをもっと描こうと思っている」と答えた。興味深いことに、子どもは最初にパフォーマンスについて忘れがたいことを明瞭に表現したが、このような詳細ではなかった。しかし、その絵の中ではっきりと思い出され、再現された。

　パフォーマンスを描くプロセスは、それゆえに、子どもの見たパフォーマンスとの関わりの性質を広げるとともに変化する。まず、事実の記憶と詳細の記憶を通してこれは起こる。パーツに名前をつける類のことである──そして、この何が見えたのかについての最初の理解は不可欠である。絵を描く、より一般的には創造的な表現において重要なことだが、この記憶の解きほぐしの最初のプロセスは、また他のもの、異なる知の種類を促すのである。

第9章　体験を描く

観察

　絵を通して何が見いだされたのかを解きほぐすことは、観察の活用である。し
かし、絵を描くことは、私たちがより詳しく見る、あるいは省察、そして、見
たものを考えることをも私たちに求める。アイリーン・アダムスは、絵を描く
ことを通して、それが形、構造、パターン、質感あるいは目的であれ、思考の
形になる方法で、私たちが見たものの質について私たちは調べ、学べると示唆
する。

　この観察は、子どものお絵描きがパフォーマンスで見たものを表現すること
を要求するあり方にはっきりと表れた。『プス！』のパフォーマンスのあいだに、
舞台の一方で目にとまった大きな構造の描写を含む、エヴァンによる絵（図9.2）
には、色といくらかの形の探求をみることができる。これは真っ白で、レース
の布で包まれた少し曖昧なものだったが、異なる方向に照明を反射させた。最
初は、人形使いの衣裳の一部だと見えたが、実際には、彼女はその構造の内側
に立っていた。後には、それはテーブルとして用いられた。何人かの子どもは、
飾りのフリルと層をなした効果を取り上げ、それを「ケーキみたいな」と呼ん
だ。

　重要なことは、エヴァンはこれが何かを正確にはわかっていなかったことだ。
彼にはそれにラベルをつけ、はっきりさせ、代表的なスキーマによってそれを
いかに描くのかを教える名前を持っていなかった。そのため、彼は自分の絵に
ついて訊かれると、曖昧に応え、色に集中する。

> **研究者**：　この大きな形は何かな、エヴァン？
> **エヴァン**：白いもの、白くて、そこに女の人がいた。その上に白を貼った
> 　　　　　　んだ。

　そして、描くあいだに、エヴァンは、自分の用いている白い紙の上に、自分
が見た色と、白いものの異なる色合いをいかに描くかの問題を考え続け、「僕は
白の違う色合いのように、違う白の色を使えると思う」。その際、エヴァンは、
白の違った色合いを使うことを考えたらと、ワークショップ・ファシリテーター
に促されている。自分ひとりで彼は何分間かをこの紙を切るために用い、それ

151

(図9.2) ケーキみたいなもの ［絵：エヴァン］

を彼の絵に重層的で繊細な方法で貼り付けた。これが彼の見た白の異なる色合いを表現するだけでなく、生地の質感の特徴をも表現している。

　素材については、ワークショップ・リーダーの影響を受けたが、その中心となる特徴：白であることを観察したのは、エヴァン自身だった。白の違う色合いを表現する必要があると自分に課題を課し、その表象を作りだしたのは、エヴァンだった。さらに、彼の体験にふさわしいこの繊細で複雑な表象のあり方を見いだしたのは、エヴァンだった。見ることと、その見る者の表象のあいだの相関は複雑なものだ。しかし、導き手による、この表象を生みだすプロセスは、確かにエヴァンが自分の見たものを理解する手助けになった。このプロセスは、パフォーマンスとの子どもの関わりをアートの実践によって広げ、深める、興味深いモデルを提供している。

　エヴァンが提供する事例は、とりわけ印象的だが、例えば、ルアディの深く燃えるような黄色で包まれたヤシの木の絵のように、他の事例が色についての同様の探求を示した。

> **研究者：**　やあ、ルアディ、すごく黄色い絵だね。
> **ルアディ：**　うん、おひさまの光が広がっているんだ。
> **研究者：**　ああ、なぜそんなにたくさんのおひさまの光なの？
> **ルアディ：**　だって、ほんとに、ほんとに暑いんだ、だって、僕、アフリカの夏を想像していたから。

　対話の中で、ルアディは何度もこの太陽の光に言及している。他のポイントでは、「うん、僕はおひさまの光と空を描くつもり、ここもおひさまの光」と語る。明らかに、彼の絵の主要な要素は、他の語りの内容とともに、彼にとって重要なのである。ルアディが見いだしたのは、物語の呼び起こす瞬間を広げる表象の工夫である。それが砂漠と熱い太陽への参照を特徴づけた。だが、明るく雰囲気があり、完全なまでに適切な黄色は、舞台上には決して現れない。すべてルアディのものなのだ。パフォーマンスで生まれた瞬間をいかに完成させるかを問う、ルアディの想像的関与の成果なのである。

　他の事例は、公演のより技術的な様相に関与するような観察の実践として、絵を用いた子どもたちを含んでいる。例えば、『プス！』への応答として、ロバートは、舞台プランと行動を演じるために動かせる、切り抜きのいくつもの人物

を作り、上から見るように描くことで応じた。クリストファーは、舞台と額縁の俯瞰図を描いた。フレーザーは、舞台の下で何が起こっているかを見せる切り込みを含む、人形がいかに動かされるかの表象を描いた。自分自身の小さな人形を作るために、何人かの子どもは人形を省略した。推論的だが、合理的な示唆は、『プス！』において、省略することに繰り返される関心は、部分的には、人形の３Ｄの形を真似する願望により動機づけられた。視覚芸術はこれに対し特別な機会を提供した。子どもが自分の観察を試すことを可能にした。子どもたちは、人形の形態、いかにものが動き、組み合わされるかを探求したのである。

　異なる公演は、異なる種類の知を求め、異なる応答を招く；視覚芸術の柔軟性は、異なる種類の観察を高める幅広い表象的関与を許す。この側面は、子どもがパフォーマンスとの関わりにもたらす視覚的スキルに関係する。高度の芸術スキルを持つ子どもは、より多く覚えていて、多く見ていると思われたことは注目に値する。視覚的に知ることと、描くことのあいだの関係性は、アダムスが強く主張するように、学校がたいがい怠る幅広い視覚的リテラシーの一部なのである。

解釈

　演劇では、全ての情報、表現が舞台上に現れるわけではない。大半は観客の想像力に委ねられる。公演を意味のあるものにするために、観客はその想像力の提供を要求される。これは解釈のプロセスと考えられるものだ。観客は提供された手がかりを集め、体験の性質、キャラクターの本質、シーンの質感について、何らかの結論を確立させる。視覚表現のプロセスがこれを生む。体験を省察し、解釈し、新たな洞察に到達する機会を提供するのである。

　このことが『シッポ』で顕著になった。パフォーマンスの大半は具体的な構造も形態ももたず、そのために、お絵描きは舞台上の情報の解釈し、肉付けした。すでに論じたように、この公演の子どものお絵描きの大半は、お絵描きのプロセスに関わった時、彼らが想像したものを表現しなかった。重要なことに、お絵描きを求められた時だけ、子どもは、自分が見たものに対して、いかに正確に表現されるかを考えなければならなかった。

　何人かの子どもは、「表象的図式 [representational schema]」、またはお決まり

のお絵描きの生産として説明されうるものを用い、この問題を解決した。アート・セラピーにおけるお絵描きの活用についての省察は、いかにお絵描きのプロセスで子どもの発達の段階が様々な種類の繰り返されるモティーフ、表象のコンベンション化、標準化を生みだすことを探る。子どもの形態（従来的には、絵）、素材（例えば、絵具）、そして主題（例えば、特定のもの）に対する期待は、ある種の表象を生みだすべく、子どもを導きうる。表象的図式の活用のかなり直接的な事例は、子どもがお約束事のように、お天気のいい日を表現する絵において、丸い黄色い円と青い空を含むかにある。女の子の絵についての子どもとの交流は、以下のようなものだ。

> **研究者：**　それで、君の絵の上の方は素敵な青い空なんだ。
> **マネーヴァ：**次の絵も太陽なの。
> **研究者：**　物語では、お天気が良かったの？
> **マネーヴァ：**ただ描いただけ。

　残りの絵が何で構成されるのかを決める前に、しばしば子どもたちは紙の一番上に太陽を描くことで始めた。屋内で起こったシーンの描写においても、お天気のいい日の表象は、それでも含まれていた。しかし、マネーヴァが、非省察的に、自動的な表象的図式の一部としてお天気のいい日を描いたが、他の子どもたちはまた、なぜ彼らが太陽を描き、いかにこの情報を集めたのかを話し、合理化することができた。視覚的な描写がコンベンションに留まる一方で、子どもはなぜお天気の日の表象を描いたかを明瞭に表現することができた（第6章参照）。

　子どもと多くの大人の絵において、コンベンション化した表象を通して知られ、理解されるものを表現するために図式が用いられる様々な方法を見ることができる。例えば、公演の1つが、水中に隠れているワニが作った泡について言葉によって表現した。何人かの子どもは、個人で、あるいはグループで作業していたが、小さな〇で、泡のかなり似た描写を生みだした。これは私たちの泡としての表象的図式として簡単に識別しうるものであり、漫画、絵入り物語、広告等、全ての類の表現で認識できる。表象的図式のうちに構築される子どもの泡のお絵描きは、完全に適切であり、彼らのために想像的に喚起された世界を肉付けするために、既知の記号表現［signifier］を呼び起こす能力を示した。

155

興味深い問題は、これらの描かれた図式的な泡は、子どもがパフォーマンスの
あいだに想像したのか、絵的なイメージを生みだすために呼び起こされた時に
単に物質化されたのかである。

　子どものお絵描きにおいて、劇の解釈の類を明らかにすることは興味深い。お
天気のいい日の表象的図式の活用と、表象における慎重で意識的な選択のあい
だの差異は、微妙だが、多くを語る。子どもの絵と、その絵についてのお話し
を組み合わせることを通してのみ、完全に理解できるものだ。子どもの体験を
解釈する方法として、例えば、泡の例のように、既知の表象的な印との子ども
の積極的な関与を識別することは可能である。とりわけ目につくのは、子ども
が積極的に既知の表象的図式を打ち破り、自分自身の意識的で特有な選択をし
始める瞬間である。

　子どもが、自分の完全に理解していないものの絵を描くタスクと直面した事
例で、このことが最も著しく明らかになる。例えば、『シッポ』の物語の１つは、
バジリスクについてだった。子どもの誰も、バジリスクがどんなものか知らな
かった。ちゃんとした衣裳を用いない公演で、子どもは羽と赤い鶏頭のような
被りものを用いただけの舞台上の提示に頼らざるを得なかった。この生きもの
の絵において、子どものほとんどが、その鳥のような性質をとらえ、怪獣のよ
うな鳥の組み合わせとして描くことで応じた。

　多分に答えにくい策謀的な問いは、パフォーマンスのあいだに、子どもが見
たように、自分の想像力の中で思い起こした体験を完了したかどうかである。パ
フォーマンスを見ているあいだに、子どもたちがバジリスクのことを考えてい
たことは多分に確かだが、おそらく不明瞭で揺らいだものだったろう。パフォー
マンスのあいだには、子どもが絵に描いたもののように、思い起こされ、詳細
かつ完結したものとしての何かを見なかったのは、ほとんど確かである。パ
フォーマンスを見た時、キャリーはたしかに彼女が描いた印象的でカラフルな
鳥のような生き物を、メガンは大きな歌うニワトリを想像しなかった。むしろ、
このバジリスクの想像性は、絵を描くプロセスを通して生みだされた。

　ベン（図9.3）は正確にバジリスクの人間を石に変える能力を覚えていたし、劇
の中での生きものの象徴的な意味において、このことを理解していた。しかし、
彼はこれに対し、適切に、遊び心をもって自分自身の詳細を加え、「この絵では
悪いことをしている」と語り、生きもののレーザーを発する大きな耳、頬を、「空
を半分闇に、半分明るくする手」を説明した。ベンの公演の記憶との関わりは、

156

第9章 体験を描く

（図9.3）この絵には何やら悪い奴。［絵：ベン］

言語と絵の、そして、事実の想起と省察、想像的再構成の領域において引き起こされた。このプロセスゆえに、はっきりと体験は公演の時間を越えて、彼の記憶の中で共鳴し始めたのである。

　パフォーマンスを見る流れの中で、想像力は固定されることも、確固たるものである必要はない。流れ、変化し、あるものから次へと変化する。これは特に描写された詳細をもってそうなる。観客はそれが思い起こされた時、表面的な様式で、ただ想像的に実感する必要を持つ。観客は単純にそれを覚え、その心象的な絵に詳細を加え、以前のいかなる想像的な画像をも塗り替える。実際のパフォーマンスのあいだ、子どもたちはバジリスクについて2つだけ知ることを求められた。第1に、記号論的に、それが羽、赤い頭飾り、おかしな歩き方で表現されること。第2に、プロットについては、人々を石に変える邪悪な怪物だということだ。他には何もなかった。

　対照的に、お絵描きは全てがそこにあり完全に実現された、ある特定の確固とした視覚化を見いだすことを私たちに求めた。このことが、考え、省察するプロセスを描くことにより、公演上の全てのことに応用され、子どもが見たものや想像したものが何かを正確に考えさせる。例えば、子どもがお姫様とは何

157

かを知っている一方、正確に、この特定のお姫様はどんな風なのかは、子どもはペンや鉛筆を紙に付けた時にだけ決めなくてはならなかった。

　このことは、子どもにパフォーマンスの絵を描くように依頼することが、彼らの演劇体験にほとんど関係しないことを示している——彼らは、文字通り、彼らが描いたように、公演を見ていたわけではなかった。しかも、子どもの試みに参加する意欲から明らかなのは、実際のパフォーマンスのあいだに構築されなかったが、彼らが子どものそれとの意識的かつ省察的な出会いが中心となる視覚的なイメージを完成させたことだ。これが指し示すのは、様々なレベルでのパフォーマンスに参加するための無意識、偽り、あるいは気づかない能力であり、求められるのは、パフォーマンスをフォローするために記号の表面的な層を読み、求められるこれらの記号を、外延的かつ暗示的に掘り下げることなのである。それはまたイベントの後、子どもの記憶と認知を通して活動することできる構造を、子どもに提供する価値と重要性を示してもいる。

創案

　私は舞台上に実際にはない表象と想像性ではなく、確実に、演劇的体験の世界の表象と想像性を議論してきた。しかし、一旦、公演のパフォーマンスが終了した後、意味のあるものにするために、子どもが想像力を使い始めると、それが生みだす遊び心や衝動にストップをかけることは難しい。そして、応答がパフォーマンスによって決められた範囲のうちで機能している限り、例え、それがパフォーマンスそのものによって提示された参照的な世界の内に含まれないものを生みだし始めたとしても、いかなる想像的な応答に対して、正しいとも間違っているともラベルを張ることは難しい。

　例えば、ロレインは『シッポ』で語られた人魚の絵を描いたが、彼女の絵には、海藻、魚、タコが登場した。私はロレインとこの絵について話し、タコの存在によって困惑したことを覚えている。劇の中には出てこなかったが、タコがそこで何をしていたのかを、私は訊いた。私が受けとった答えは、言葉では言い表せない、大人だけがそれを理解し得ないことが明白なものだった。人魚は水中にすみ、タコは水中にすむ、だから……。

　舞台上でもなく、直截的に公演によって参照されなくても、これらの詳細は、完全に、パフォーマンスの含蓄的世界の範疇にあって、適切だった。子どもた

第9章 体験を描く

ちの創案は、公演の枠組みの内にある。それらは人魚と水中の城の重要な参照点の支えとなり、公演のアナーキーなスタイルに対しても支えとなる。だが、適切であっても、直截的に参照するものはそこに存在しない。だから公演の境界線を広げたいという意思と、何が起こったのかの真実を必要とする。ロレインは自身の文字通りの記憶の範囲を制限しようとしていない。これついての私たち自身の理解は、想起の正確さだけでなく、それ以上に、より繊細であることを必要とする。

絵を描くことは、この類の遊びを促す。お絵描きを子どもに求めることは、公演により彼らに与えられたものに付加することを求めた。その中で、さらに子どもたちは公演に対し遊び心に満ちた力の類を持つことに気づくようになった。子どもは表象において自分で選択を行い、自分の見たものを制御した。さらに、子どもがパフォーマンスを見たように、自分の心の目で何を見たかは私たちには確信は持ち得ないが、かなり確かなのは、これらの絵こそが、この時点から記憶されていくものが何であるかを決めることである。

内省と表象の行為は、このように、体験の所有の類を染みこませ始める。描きながら、私たちは積極的にその体験に貢献しなくてはならない。これは見ているあいだに私たちがしなければならないことである——公演は完了していないが、その観客の想像力を借りる。だが、その表象のプロセスは、この動きを目に見え、具体的で、完全に理解されるようにする。

この最後の事例は、2人の男の子が並んで作業した絵のシリーズである。これらの絵において、アジャイとアラスダイアは相撲取りのボブを想像した。『シッポ』で語られた物語の1つのキャラクターである (図9.4)。男の子たちは、相撲取りの私たちの既知の表象的図式を形成する大きなサイズを表現することで、誰かが期待しうる彼らの表象を始めた。

研究者： 君が描いたこの男の人は誰？
アジャイ： ああ、ボブだよ。
研究者： これはボブについてのアジャイの絵なんだ。
アジャイ： 彼は相撲、相撲。
研究者： 相撲なのか！ それで、君は相撲の選手がどんなだかはっきりと知っているの？
アジャイ： うん、彼がそう、そう。

159

(図9.4) 筋肉の上の筋肉 ［絵：アラスダイア］ 下に並ぶのは、ボブの空飛ぶ豚の軍隊。

    研究者：　　君が描いたからね。
    アジャイ：彼は大きなおなかで、彼らは、彼らはこうするの（ジェス
              　チャー、床を踏みつける）

　これが、彼らが最初に描いたものだ。彼らはお絵描きに時間と創造的エネルギーを費やし続けると、筋肉を描いたように、あまり期待されない要素をも加えてしまった。

    研究者：　　これら全ては何かな？
    アラスダイア：　５段の筋肉。
    アジャイ：でっかい筋肉がある。
    研究者．　大さな筋肉だ！
    アジャイ：それ何？
    アラスダイア：　筋肉だよ。
    研究者：　　筋肉の上に筋肉。

第9章 体験を描く

さらに、驚くべき所にさえ、筋肉：

研究者： 　筋肉だらけなんだ！　君たちは2人とも筋肉にしたんだね。
アラスダイア： 　それでね、彼は目にも筋肉があるんだ。
研究者： 　目に筋肉（笑）
アジャイ： ほら！
アラスダイア： 　だから緑色なんだ。

　ここでは、2人の男の子は、パフォーマンスが彼らに提供したポイントから始めたが、それ自体で完了しない重要な刺激をもっていた。パフォーマンスは、相撲取りの完全にわかる表象を提供してはいなかった——男の子たちは、アイデアを飛躍させ、自分たち自身ものを創り上げた。きっかけは、部分的には、一緒に作業していることから生まれたが、絵を描くという行為と、お絵描きに使われた時間の長さが重要だった。絵は彼ら独自のものだったが、語りと公演のスタイルそれ自体で言えば、完全に適切なものだった。
　この例は、最も視覚的に発展した事例の1つだが、公演の諸概念と想像的な遊びが、関与を広げ、体験の明確な所有権の感覚を確立するあり方である。しかし、子どものお絵描きの多くに顕著だったのである。子どものパフォーマンスとの関係性は、しばしばお絵描きのプロセスを通して、お絵描きが求める時間反転 [time reflection] [5]、技能、創造性を通して、そして、記憶、観察、解釈、創案と関わることを通して喚起される。このことが、子どもたち、ワークショップ・リーダーのいずれにおいても、関与の性質は計画され、構築されるものであることを意味しない。しかし、お絵描きが奨励するのは、この類の遊び心をもった省察なのである。

5　**時間反転**：主に、物理学の用語。時間の逆回しを意味する。

161

第 10 章
演劇について語る

　鑑賞後、パフォーマンスについて話すことは、上演そのものと同じ位、演劇の体験にとって重要でありうるだろう。記憶、解釈、体験を共有するために、パフォーマンスについて語りたい衝動がある。ほとんどかきむしりたくなる痒み、満たされることのない必要性である。このことは、演劇だけに言えることではない。いかなる芸術イベントの体験についても、私たちはしばしば話す必要性を感じるものだ。私たちが抱くのは、芸術はそれを体験した後、その体験を完了するために、解釈、議論、再コミュニケートする必要があるという感覚である。演劇の体験を語る必要性は、パフォーマンスの時系列と、儚い性質、イベントの社会的本質によって高められるのである。

　にもかかわらず、終了後、パフォーマンスについて語るとき、しばしば苛立ちを覚える。ポスト・パフォーマンスの会話は、通常、お馴染みの、堅苦しく、ほとんど紋切り型の質問で切り出される──「どう思いましたか？」「楽しみましたか？」。ほとんど必然的に意味するのは、体験したばかりのパフォーマンスの微妙さと、複雑さを探る機会が与えられないことだ。

　言葉自体が苛立たせるのである。パワフルで柔軟だが、そこに確かに、言いようのないものの存在を感じる。知る、体験する、覚えていると、私たちが感じるものは、言葉には置き換えられない。このことは、おそらく、とりわけ幼い子どもに顕著である。その語彙とスピーチは、彼らの思考プロセスと伝えたいと言う思いのスピードにはついていけない。

　白然かつ本能的なものかもしれないが、上演後の会話が成功裡に終わることが当たり前とは考えられない。本章は、演劇を語ることを探り、そこから芸術を語るための構造、または批判的な方法をもたらすモデルを検証する。幼い子どもの演劇と批判的関与が、彼らの体験の喜びを高め、深め、広げる方法を、どのように促せるのだろうか？

162

芸術について語る必要性

　芸術体験を語ることは自然な必要性であるという概念は、多くの芸術形態のうちに認められる。例えば、文芸批評家ノーマン・ホーランド［Norman Holland］は、文学のコミュニケーションのための必要性を述べ、個人的な体験以上のものを望み、さらに仲間をも求めると示唆する(1981:242)。おそらく読書グループの人気のいくらかをこのことが説明する。同様に、美術評論家エドモンド・バーク・フェルドマン［Edmund Burke Feldman］が説明するのは、「見いだしたものを共有する願望」であり、「他の誰かの反応を知ることなしに何かを知り、楽しむことは難しい」(1992:469)。

　これが体験を語ることを促す一方で、小説のように、本質的に私的な形態が存在する。演劇や舞踊のように、社会的な場で体験する芸術の場合、体験を外在化する願望は強くなる。演劇の社会的な性質は、間主観性 として考えられる：近接性、焦点の共有、そして建物自体が、他者の存在を強く意識することを意味する空間なのである。間主観性は、パフォーマンスのあいだに「観客の一人ひとりが芝居について何を自分が考えているのかと同時に、隣人は何を考えているかを問う」(1976:67)、ジャン・ポール・サルトルの観察が示した現象学の概念である、他者は「私のためにそこに在る」ことと等しい。

　演劇の観客を考えることにおいて、2つの点を示すことが重要だ。第1に、観客メンバーは自ら自分の考えていることを問い：パフォーマンスは体験、応答、思考されるためにそこに在る。全ての芸術同様、注目を集めるイベントであり、それ自体の重要性を明白に示す。例えば、誰も通常、表通りを歩く体験を考えよと自分に求めはしない――典型的に、重要性のある体験として示されも認知されもしないが――その表象的な側面は、つねに顕著であるために、芸術に関連する問いは本能的になる。第2に、観客はその隣人が考えていることを問う。生のパフォーマンスは、社会的なイベントである：ちょうど個人の、他者への認識だけでなく、他者についての個人的応答をも意識することを促す。生のパフォーマンスの強いコミュニティ的要素は、応答を共有し、体験を外在化する願望を作りだす。ウバースフェルドが書くように、演劇はめったに1人の喜びであることはなく、むしろ「他者を通して省察し、反響する」(1928:128)。ある10代の演劇好きは、観劇の動機と衝動について語る。

ナタリー：　劇場に１人で行くのは馬鹿らしいと感じる、多くの人はして
いるけど。観劇に恥ずかしいという思いがついちゃいけないのよ。たくさ
んのことを１人でやるのは、基本的に、友だちがいない風にみえちゃう－
まあ、子どもじみたことだけど。でも、誰かと議論して質問して、どれだ
け好きか嫌いかを表現するのは素敵。

　生のパフォーマンスへ友人と行き、語ることには、明らかに社会的要素があ
る。しかし、公演後の会話の役割は、ナタリーの意味するように、社会的以上
なのだ。会話が提供するのは、観たばかりのパフォーマンスを「問いかける」機
会である。パフォーマンス後の会話は、見たばかりのものをチェックし、比較
する機会を与える。一度、演劇的パフォーマンスから離れると、このような会
話こそが、イベントの記憶を強固にする唯一の方法になる。舞踊評論家デボラ・
ジョヴィット [Deborah Jowitt] は、これを生のパフォーマンスの儚さと結びつ
け、「人々はその（舞踊の）儚い存在を長らえるために、舞踊について話すのを
好む」と綴る(1977:101)。同じことは演劇にも言える。イベントの記憶を強固と
するために必要だという理由として、生のパフォーマンスについて語る緊急性
がある。公演後の会話は、全てに関係する懸念を探る方法なのである。即ち、「い
ま見たのは、何？」。

批判的関与の価値

　批判的研究や議論は言うまでもなく、このような非公式で本能的な会話でさ
え、演劇の体験を弱めると論じる者もいるだろう。同様に、演劇の多大な知識
は、それ自体の力を弱め、遠ざけると主張する者もいる。それ以上のことを語
れなかったとしたら、どうなのか？　私たちは言葉を見いだせないのか？　私
たちの回答は、単純な楽しみと、好き嫌いの表現に留まるのか？　審美的体験
のスリルの一部は、おそらく、それが言語を越えることにある。
　逆に、私が主張するのは、知の増加が関わりを増やし、芸術との関わりに伴
う楽しみと満足感を高めることだ。第６章で、子どもがパフォーマンスの機能
を読みとき、分析する能力ための能力に喜びを示すかを検証した。この理解す
る喜び──知の喜びでもある－は、子どもが演劇的体験と関わる能力と意欲を

高める。それこそが子どもが見ること、多くを覚えていることを可能にする；それこそが体験をもっと、子どもにとって意味あるものにする。

　理解する喜びは、観客がパフォーマンスから得る多くのもののうちの1つに過ぎないが、非常に重要である。決定的なまでに、力を与える喜びであり、その力が観客を活発に支配し、解釈する場所に置く。感情的、共感的な喜びとは対照的である。そこで観客は様々な意味で、パフォーマンスの慈悲と操作の中にいる。とりわけ、幼い観客にとって、自身の体験を制御する力を与える知と批判的な能力は不可欠なものになる。

　それゆえに、演劇体験の批判的議論は、力を与え、楽しめるものであるべきである。フェルドマンが、芸術批評の諸機能の1つとして、理解の楽しみを描き、この2つの性質を上手くまとめてくれる。

　　我々の満足をひき起こす芸術とは何かを理解することから、知ることから、我々は喜びを得る。訓練された見者はまた、作品が与えることのできる満足感をより多く体験できる；批評は、組織的に、我々に検索し続けられるようにする。芸術から得る満足感は、2つのものに依存する。対象そのものの質と、その利用や所有する能力である。そのため、芸術批評は、我々に審美的な状況にある自分の知と体験に焦点を置くことを教え、喜びを高めるのである(1992:469)。

　フェルドマンにとって、芸術批評は、ある程度の知を必要とする構造をもつ芸術を語ることであり、また、それが幼い子どもの芸術教育の正当で大切な部分を形成すべきである。しかし、学校にはそれは存在せず、必然的に育成は容易ではない。マーサ・タウントン［Martha Taunton］は次のように綴る。

　　挑発的な対話を用いて芸術を教えることは、未就学児と小学校低学年の子どもを教える人々には、とりわけ難しい。1つには、この困難は、単純に幼い子どもは意味のある方法で芸術を議論できる、すべきという認識と信念の欠如から生じるが、1つには、しばしば幼い子どもと芸術の議論をいかに行うかの不確実性から生じる(1983:40)。

　幼い子どもが芸術批評を通して、芸術的喜びをさらに得られるようにするた

165

めに、活用できる幅広い多くのモデルが存在している。

子どものための哲学

　幼い子どもに対話を通して世界を考えさせるアプローチを、概念的に、実践的に発展させたのが、「子どものための哲学 P4C」である。イマジネイトが資金提供したものだが、学校での観劇後の議論を促し、高めるために P4C の可能な利用法についての研究を通して、下記の議論が展開された（より全体的な議論はReason, 2008 参照）。

　1970 年代の合衆国で、最初に、マッシュー・リップマン［Matthew Lipman］が、子どものための哲学を発展させ、とりわけ、1990 年代から英国で顕著に採用されるようになった。その方法論と精神は、子どもの批判的かつ独立的な思考を促し、可能にすることにある。自分で考え、証拠を評価し、詳細な調査、根拠と推理を通して、一般的に認められた選択肢に疑問を呈する能力を含む、考えるスキルを高めるものだ。しかし、重要なのは、生徒が教師と同等ではなく、義務教育が思考と個人の自由の真の障害を提供する学校のコンテキストにおいて、単なる指導法としてではなく、革命的な行為だと見なされたことだ(Haynes, 2002:2)。

　P4C のセッションは、子ども主導の探求と質問で構成される。ジョアンナ・ハイネス［Joanna Haynes］によれば、教師は深く質問に関わり、議論を導く自然な衝動に抵抗できるなら、前もって質問の内容は知らされない。質問は子どもによって決められる。正確な目的と成果の取得が強調される教育システムにおいて、これは 1 つの挑戦である(Haynes, 2002:28)。しかし、P4C のセッションは、全てが自由な訳ではない。ある特定のスティミュラス[6]の周辺に集約された構造化された問いの形態である。この構造の中に、P4C の 1 セッションには 5 つの重要な段階がある：1) スティミュラス素材を分かちあう；2) 考える時間；3) 質問の発展；4) 質問の選択；5) 対話。

　このように P4C のセッションは、教室で物語を声に出して読むといった、スティミュラス素材の紹介ではじまる。スティミュラスの選定は、続く議論の成

6　**スティミュラス**：直訳すると「刺激」だが、ここでは議論や活動の原点となる素材・道具のこと。

第 10 章　演劇について語る

功に大きな意味をもつ。ハイネスが指摘するのは、「曖昧に表現し、困惑を生み、あるいは深い応答を喚起するために、子どもの力に基づいて素材を注意深く選ぶ」必要性である(2002:22)。当初、アメリカでのP4Cセッションは、目的のために特別に用意された素材を使った。子どもが探求すべき哲学的な問いに光を当てた物語である。英国の応用は、このような素材を避け、代わりに、とりわけ絵本や、詩、音楽、写真、芸術作品を見いだした(Liptai, 2005:1-2)——私自身の研究では、演劇である。

　P4Cは子どもが思考に持ち込む好奇心と創造性にポジティブに価値をおき、事実と回答の評価以上に、問うプロセスを促そうとする。ガレス・マッシューズ [Gareth Matthews] は、「概念上の遊び」、驚きと思いつき（「もし何なら」を遊ぶ）のような領域で、子どもは哲学の中心となる質問に、大きな喜びを見いだせると示唆する。しかし、彼は、「大人こそが、第一に、彼らを子ども扱いし、彼らの心をより「役に立つ探索」に仕向けることで、子どもが哲学的な質問をする気をなくさせる」ことを恐れる(Matthews, 1980:73)。

　P4Cの主要な要素は、子ども自身が、探求の土台を形成する質問を作り、選ぶことにある。目的に則して作られるのでなく、むしろ見いだされたスティミュラスの場合、段階がしばしば個々のセッションの重要な部分となる。そこで重要なのは、質問をまとめることではなく、質問を見いだすことである。P4Cは質問の発展を、単に回答を追求するための不可欠な段階としてだけでなく、思考プロセスの抜本的な部分として見る。子どもにとって、自分自身の質問を発展させる目的は、事実や記憶ベースではなく、むしろ哲学的であるべきだからだ。子どもはどんな質問が必要かの感覚を発展させる。私が観察したあるP4Cのセッションの子どもたちは、哲学的な質問とは何かを定義するための次のリストを提供した。

　　　「1つの正しい、間違った答えは存在しない」
　　　「答えのない質問である」
　　　「想像力を使うことが求められることもある」
　　　「誰かの意見ではなく、自分の意見をもたなければならない」
　　　「自分が答えられる質問をしないようにする」

　フィリップ・カム [Phillp Cam] は、異なる種類の質問の図を提供する。

見てわかる	思考ための質問
専門家に訊く	想像力を使う

　「見てわかる」質問は、元のソースを検証することで回答を見いだす質問である。「専門家に訊く」質問は、適切な人物に問いかけることで明快な答えが得られる。対照的に、図の右側のカテゴリーは、はっきりと正しい／間違った答えのない、議論が真に哲学的になりうる。子ども自身の関心と関与によって、子ども自身から質問を結合させる望みと、実際に哲学的である質問に向けて彼らを仕向ける望みをつなぐP4Cには、明らかに緊張関係がある。教師の位置づけが、非常にわかりにくいからだ；ファシリテーターとリーダーのあいだに位置し、明快な目的を心に維持しながらも、子どものエンパワメントを高めるように努める。

　一旦、質問が選択され、P4Cの質問の最後の段階が対話である。議論は質問に取り組むことを意図する。子ども自身が議長を務め、大部分を導く。しばしば非常に拡散し、自由に流れるが、このセッションを混沌に陥るのを止めるのは、P4Cのファシリテーターが用い、子どもに委ねる様々な構造と工夫である。ハイネスが言うように、「教師は哲学的言説の言語を作り、概念の発展を広げ、記録するための概念的なツールを紹介する」(2002:12)。教師により形成される、この理解の最も基本的なものは、議論の性質である：自分の意見をシンプルに述べる、あるいは他の誰かの意見を退けるのではない；話された内容を応援するために証拠と論争が提示されなくてはならない。

　議論の構築に用いられる他の工夫は、生徒がお互いの声明への同意・不同意を記録することだ。時に、これはグループ全体の投票で行われる；同意、不同意、不確実性のために脇におく；時に、反論を行う。ある生徒が「私はXに同意しません」と言い、その声明の証拠を説明する、「いかに」と「なぜ」が求められるのである。私の経験では、子どもの決定が同意、不同意のどちらであっても、友好関係や他の要素により動機づけられる時がある。時には、応答は冗談で個人的であり——あるセッションで、ある女の子は不同意に対して、「あなたは私に喧嘩を売るのね」と答えた；他の状況では、ある女の子は友人に、「私

に不同意しなかったのは2度目。ひどすぎる」と言った。しかし、概して、この構造は、議論を個人的というより、むしろ知的なものにする。これについての私にとって重要な目印は、他の人々が話した内容の結果として、子どもが自分の考えを変えた時、自分の考えをなぜ変えたのかを、公然と話すことにある。この議論の過程で意見を変えることは、「いかに」と「なぜ」を継続的に意識することは、批判的なレベルでの関与の明らかな証拠である。

　実施されているP4Cのセッションの観察中に驚いたのは、子どもが、哲学的な質問や証拠、構築された議論とは何かといった議論の行動基準と構造を内在化していたことである。これはP4Cのプロセスの体験を通して、問いかけのコミュニティで築かれ、教師による優れた実践モデルの事例を通して生まれる。この意味で、個々の哲学的問いは、スティミュラスの共有で始まるのではなく、コミュニティの内の継続するプロセス部分なのである。この問いのコミュニティの概念は、発端ではっきりと紹介された概念と価値をもって、だが、その後に暗に、首尾一貫して参加者自身によって採用されるため、P4Cにとって重要なのである。

　セッションにおいて、この種の諸価値が暗に示されているのを観察した——解釈するのではなく、注意深く聞く、お互いを尊重することであり、子どもはただ時折、それを思い出す。時々、誰かが振舞いの基準から外れると、お互いに修正しあう。例えば、子どもは教師にではなく、お互いに意見を述べることが期待されていた；ある女の子は、ファシリテーターに話しかけていた他の子に対し、「あなたは私たちに話すことになっているの」と告げ、修正した。セッションが中断されることなく、誰もが慎重に聞き、つねに穏やかだった訳ではないが、これらの価値は少なくとも理解されていた。P4Cは、長期にわたる定期的なミーティングを開催し、それが子どもたちにプロセスを内面化させる、子どもと活動を行うプロセスなのである。単純に始めることも、止めることもできない。

哲学的問いかけから審美的問いかけへ

　P4Cは多くの印象的な性質をもつが、演劇のパフォーマンスの後の審美的問いに合致しない要素がある。P4Cは、哲学を通して子どもをエンパワーするという、その革命的な野心を祝すアプローチによって、むしろ皮肉な制限を課す

169

のである。

　質問が「哲学的」であれという要求において、P4Cは演劇パフォーマンスに自然に続く、観たものについて、詳細をチェックし、記憶をわかちあうといった、質問の多くを認めない。通常、子どもは一見苛立たしいまでに、ほとんど意味のない詳細を、陳腐な質問を投げかけることで始めたがる。私としてはこのような質問も必要だと考えている。子どもは最初に体験を理解することに関心を持つために、彼らがより抽象的で哲学的あるいは審美的な問いに移行する前に、それが必要なのである。この結論に至るのを助けてくれたP4Cの実践家サラ・リプタイ［Sara Liptai］に感謝したい。彼女は音楽を用いた。彼女が提供した事例は、新約聖書の『ブドウ園の労働者［The Workers in the Vineyard］』を子どもに読んだ後、労働者に報いるために使われていた硬貨（タラント）の種類について、彼らがどれほどじっくり考えるか、そして労働日数の長さに関わらず、全ての労働者が同じ収入を得たのがいかに不公平だったかである。リプタイは「（子どもが）私たちにこのような詳細を尋ねるのは、彼らがジャンルのコンテキストとルールを理解したいからだ」と説明する（個人的なコミュニケーション）。この特定のコンテキストにおいて、演劇の儚い性質が、おそらくこの要素に加わる。子どもは最初に、何が起きたのかを理解しなければならないのだ。

　P4Cでは起点として用いられるスティミュラス素材は、抽象的な議論と概念の追求において、その後には捨てられる。リプタイは次のように書く。

　　会話の問いにおいて、（目的に沿って書かれた哲学的な）テキストは問いの踏み台である：PI（哲学的問い）の領域に参加者を運ぶための乗り物、それ以上のものではない。テキストもそうだ。固有の審美的性質を持つ必要はない。(2005:3)

　リプタイは、P4Cのパイオニアのマシュー・リップマンにとって、このような審美的性質が、哲学といっビジネスから注意散漫にさせてしまったと脚注で示している。しかし、対照的に、絵画、音楽、演劇公演は、明らかに、審美的性質を持つ。これらは、目的に沿って書かれた哲学的なテキストの場合とは異なる方法で、教室の外側で、一貫性あるいは維持された存在と意味をもつ。リプタイにとって、P4Cのこの審美的性質の重要性は、「芸術作品が生じてくる哲

学的な概念のための踏み台として使われ、捨てられることを拒絶する」ことにある(2005:5)。このように、スティミュラス素材を背後に捨て置く哲学的な問いから、スティミュラスそれ自体に深く掘り下げることで始まる審美的問いへのシフトが求められるのである。

子どもとの審美的問いかけの概念を発展させることにおいて、リプタイはP4C実践の主要な要素とのいくつかの緊張関係を挙げている。例えば、審美的な問いかけにおいて、「ジャンルの規則といった優勢な文化の約束事」と、さらに作品の文化・歴史的環境を理解することが不可欠と示す(2005:4)。しかし、教師が専門家ではなく、ファシリテーターの役割を果たし続ける、あるいは、時にインストラクターでファシリテーターの役割を同時に果たさなければならないとしたら、この知はどこから来るのかは不明瞭なままだ。テキストを用いない審美的探求について書かれた他の論文において、この緊張関係が見いだせる。リプタイは次のように述べる。

> 何人かの子どもは音楽的語彙（例えば、ソフトに、大きな声で）を用いるが、ほとんどの子どもは、そのような語彙の不在に邪魔されることなく、音楽的（そして絵画的）意味を表現する自分自身の方法を構築する。しかし、この発展の次の段階は、彼らが見いだした音楽的意味のコンポーネントを探索することによって、より特殊で専門的な語彙へと上手く移行していく。
> (2004:5)

そのような問いにおける教師の役割はさておき、この議論は専門家的な知と語彙が、芸術への応答に求められるかどうか、知らされていない応答が、同様に有効かどうかの問いを引き起こす。

私自身の青少年の観客との活動から、専門家の知を用いる能力が子どもに、そして実に大人にも、ある特定の楽しみの類を与え、それゆえに、彼らの体験への投資とその体験自体を豊かにすることを加えたい。

従って、子どもが演劇的体験の後に求めるのは、哲学的な質問よりも、ある特定の種類の審美的なものである。それが、彼ら自身の応答と体験を仕向け、集約し、深める。そのために、子どもはスティミュラスそれ自体に切り込み、洞察を深めるべく設計された演劇的問いの言語と構造を与えられる必要がある。まさに、フィリップ・カムの図の左側にでてくる「見てわかる」質問なのであり、

芸術との関与が全く始まらない、非哲学的なものとして処分されるものである。

視覚芸術のモデル

　審美的問いのモデルの発展において、とりわけ、子どものために設計されたものとして、最も優れた活動を見せてきた分野は視覚芸術である。演劇や他の舞台芸術よりも、なぜこの分野で活動が力強く進展したかの理由はたくさんある。即ち、媒体の入手しやすさと再生産性、学校では、ドラマの専門家よりも美術の専門家が、伝統的に顕著なまでに可能なこと、そして視覚芸術の中では、見ることと認知することの質問に多大な関心を持っているからである。

　この領域での主要な筆者エドモンド・バーク・フェルドマン［Edmond Burke Feldman］は、『視覚的体験の多様性［Varieties of Visual Experience]』に提示している。

> 見る者に対し、芸術作品についての解釈を形成し、判断を行うビジネスへ常識的なアプローチを与える。特定の芸術作品に対し、完全なる正しい解釈、評価はないが、批評という作業については体系的な手続きが存在する。我々はその手続きとは何であり、いかに活用しうるかを知るべきである。少なくとも、我々は自らの意見に至った道筋を守ることができなければならない。(1992:467)

　フェルドマンの語る代案は、誰もが感じている、私たちには芸術に対し自身の意見を表明する権利のある現在を位置づけている。しかし、これらは典型的に本能的なものである；私たちは他者によって押しつけられた観点を繰り返し、あるいは、どこから来たのかを理解することなく、それらの観点を提供する。

　フェルドマンは、批評という行為を、私たちに自分の知、経験、観察の力を最高度に活用することを許す秩序とつながりをもった時に最高度に機能する、「パフォーマンス」の類として論じる。フェルドマンの批判的パフォーマンスは、4つの重なり合う段階に展開される。

　描写：　理想的には、推理、判断、あるいは個人的な応答を交えることなく、そこに何があるのかを明らかにする。

公式な分析：　我々が示したもののあいだの関係性を探求する。全体を形成するために、構造的に、主題的に、物理的に、スタイル的に構成要素がどのように組み合わされているかを考える。

解釈：　描写・分析されたものの中にある意味を見いだす。

判断：　我々が感じるものを明瞭に表現することは、しばしば他と比較しての芸術作品の価値や重要性である。

　全ての年齢の芸術鑑賞者を対象とするものの、直接・間接的に、フェルドマンの方法に基づき、学校と子どものために設計された翻案は、合衆国で幅広く活用されている(Taunton, 1983:40)。例えば、クレイグ・ローランド［Craig Roland］は、「芸術作品について子どもに尋ねる質問」と題されたモデルを生みだした。下記の見出しのもとで行われる一連の指示である；それを描く、それと関係する、それを分析する、それを解釈する、それを評価する(Roland, 2007)。このモデルの強みは、まず第1に、フェルドマンが求めた正確な秩序とシステムであることだ。個々の段階を作業することにより、鑑賞者は、観察と描写から、分析と解釈を通して、評価に至る芸術作品に対する包括的な批判的応答を順番に構築する。個々の段階での質問の組み合わせは、最後の回答に基づく。

　このモデルはまた、「あなたがいま見た、聞いた、体験したものは何でしたか？」といった、容易に回答できる質問で始まるために、とりわけ子どもへの活用に適切である。脅かすことなく、誰も困らせたりしない。にもかかわらず、時に、「低順位」の記憶、あるいは事実的質問と名付けられたものにおいて求められる観察と認知のスキルは、注意深く実質的な支援を必要とする。とりわけ、演劇パフォーマンスの多重の層に答えることにおいて、何を見て、いかに表現するかにおいて。作品の異なる側面を順番に、益々複雑化する作品を考えるのを観客に求めるために議論を構築するプロセスは、子どもと作業する際に、役に立つものなのである。

　審美的問いのための全体的な枠組みの構築において、私たちはまた質問する技術の重要性と、効果的な質問をすることについて、教室での議論に及ぼす影響に気づく必要性がある。例えば、マーサ・タウントンは、フェルドマンの構造的モデルを、子どもの最初の答えに対する教師の応答が、議論の確立に重大な影響を及ぼすと意識することの必要性と関連づける。彼女は4つの説明を求める「探求の」技術を提供する；答えを正当化するために訊く、生徒の視点に

再フォーカスする、指示を提供する(1983:43)。第4章で論じた優れた質問の技術と、イアン・スミス [Ian Smith] の『より良き質問を行う [Asking Better Questions]』(2007)は、この領域での優れた文献である。

1つの芸術作品の外観と表面、それから、より演繹的な推理への移行で始まり、審美的、評価的あるいは感情的な応答の枠組みを通して、質問を体系化する概念は、その芸術作品に対し、常識的な論理を持つ。4つの段階は、描写、分析、解釈、判断のモデルで提示され、基本的に、芸術、体験あるいはプロセスのいかなる形態にも応用しうる、4段階からなる批評のプロセスが続く。面白いことに、芸術と文芸評論の歴史では、それぞれ交互に強く罵られ、多いに讃えられたが、個々の要素は重要で、相互依存している。例えば、描写は、スーザン・ソンタグ [Susan Sontag] のエッセイ『反解釈 [Against Interpretation]』により讃えられた。ソンタグは、同書で「正確で鋭く（そして）愛すべき描写」で構成される芸術批評を求めている。さらに、彼女は「意味」の影の世界を形成するために、世界を「不毛にし、枯渇させるべく」仕える行為として、解釈を非難する(1967:7-12)。一方、批評における評価は、個人の意見の意味のない主張として、しばしば（少なくとも芸術家により）非難される。例えば、マイケル・カービー [Michael Kirby] が描くのは、「原始的でナィーブ、傲慢で不道徳」なものとしての、評価的な批評である(1974:66)。同時に、評価はあまりに抜本的で本能的なものであるために——私は気にいった、私は嫌いだった——という個人の意見の声明は、我々の芸術との関わりにとって中心的なものになる。

フェルドマンの体系的な質問のプロセスと、若干、似た審美的問いのモデルは、1994—96年、合衆国のハーバート教育大学院のプロジェクト MUSE により開発された。ジェシカ・ディヴィス [Jessica Davis] が主導したプロジェクト MUSE は、研究者、教師、美術館教育者と学校の協働であり、美術館と教育の統合を深める可能性を探った。多くの学習ツールが開発され、その最も適切なるものがジェネリック・ゲーム [The Generic Game] である。この活動では、相互に連結する自由回答の一連の質問が提起されている。そこに正答はない。これは専門的な鑑賞者にとって単純すぎることなく、若い芸術鑑賞者にとって適切になるよう設計されている。ゲームは、幅広い芸術作品と芸術形態の範疇をまたぎ、その適用性と普遍性を意味する「ジェネリック（包括的）」と名づけられた。特定の知や背景、構造を必要とするのではなく、考え方は、1組の質問が、外側の詳細から、芸術作品のより複雑な解読に至る、他者と芸術の「足場」的

理解の上に築かれる応答を誘発することにある(Davis, 2004:76-7)。

　論じてきた審美的問いの全てのモデルは、合衆国で誕生した。少し異なるアプローチは、当初、国立美術館テート・リバプール［Tate Liverpool］のキャサリン・オーバック［Catherine Orbach］が英国で開発した。視覚的素材に関わる学校と子どもたちの利用のために設計された「ものの見方［Ways of Looking］」であり、4つのセッションで構成される：「個人的なアプローチ：私は何をもたらす？」；「主題を見る：何についてのもの？」；「対象を見る：私は何を見ている？」；そして、最後に「コンテキストを見る」(Charman and Ross, 2004)である。例えば、「そのものを見る」のセクションが、芸術作品の構成要素を正式に分析するプロセスに従う等、その要素はフェルドマンのモデルに直截的に由来する。子どもが形、印、表面、大きさ、空間、色を含むかなり複雑な要素を探求するという様々な見出しによって質問をグループ化する。

　「ものの見方」で印象的なことは、客観的よりも、個人的なもので始まる「個人的なアプローチ：私は何をもたらす？」と題されたセクションで始めることで、上記のモデルを反転させることである。「あなた自身」「あなたの世界」「あなたの体験」という見出しのもとで、作品に対する個人の解釈的かつ感情的な応答を招くための質問が提示されている。「芸術作品への全ての応答は、私たちの異なる個人的かつ社会的な経験によって条件付けられます。芸術作品を考えるとき、これらは無視されてはならず、私たちの起点になるべきものです」、と記述する。このモデルの目的と効果を明瞭に表現することにおいて、ヘレン・チャーマン［Helen Charman］とミカエラ・ロス［Michaela Ross］は、この枠組みが、いかに「芸術を見る、ゆるいながらも、方法論的なアプローチ」を証明するかを述べている。

　　個々の枠組みは、見る行為に対して深みと幅を与える一連の質問を設定する。4つの枠組みによって提供された解釈の複数の構造は、芸術作品の多様な解釈としてはっきりと表れる、複数の成果をもたらす。(Charman and Ross, 2004)

　「ものの見方」の枠組みには豊かさと繊細さがあるものの、「描写、分析、解釈、評価」のモデルの持つ単純さのいくらかを失い、また直截性、融通性ならびに強固さのいくらかを失っている。求められるのは、テート・リバプールの

モデルの深みと幅をもちながらも、より体系化された経路を与えるものである。

　この簡潔な調査は、視覚芸術で可能となる審美的問いかけのモデルの幅についての最も意味を示すものだけを概説する。演劇パフォーマンスに対する応答において、P4C の利用についての私の経験を考えると、いかなるモデルが演劇に適応するかに興味を惹かれた。とりわけ私が興味を抱いたのは、これらのモデルがいかにパフォーマンス後の議論のための包括的な資源の開発に用いられうるかである。いかなる演劇のパフォーマンスに対しても、開かれ、省察的で、かつ自己尋問的な応答になりうるかということだ。しかし、記号論的分析に関する演劇学の伝統は、オルタナティブを提供してくれるように思われた。

記号論と演劇学

　記号論は、サイン−記号の研究である：記号の創造と解釈を通して、いかに意味が形成され、コミュニケートされるかについてのものだ。記号は、言葉、イメージ、音、匂い、フレーバー、行為や、ものの形を取る。誰かが何かを意味するように、それ自体ではなく何か他のものを意味するように、解釈を行う。例えば、赤いバラが花だが、それはまた恋、イングランド、ランカシャー州、バレンタイン・ディ、ミルズ・ブーン、映画『アメリカン・ビューティ』、イングランド・ラグビー・チーム、労働党等を意味する。ガートルード・スタイン [Gertrude Stein] が主張したように、バラはバラであって、バラ以外の何ものでもないが、潜在的に、私たちがいかにそれを解釈するか、私たち自身の文化的経験により、数多くのものを暗示する。私たちはものを大方、無意識のうちに、学習したシステムと約束事に関連付けることで、記号として解釈する。サイン−記号のこの意味のある利用が、記号論の中心にある。

　記号が機能する方法とレベルの複雑さといったことは、私の発展させたい主題ではない。しかし、それは、カルチュラル・スタディーズ、文学、そして芸術批評において、最も演劇において、卓越した分析の構造を提供する。例えば、エレイン・アストン [Elain Aston] とジョージ・サヴォーナ [George Savona] は、演劇の記号論は、「見る」ことについての新しい実践と可能性を拓くために演劇とかかわり、アプローチする方法である」と述べている(1991:1)。

　演劇の記号論の最も顕著なプロジェクトの１つは、パフォーマンスで登場した記号システムを精密に計画する試みだった。例えば、舞台に一度、取りこま

176

れると、全てが意味のあるものになる。さらに、一度、取りこまれると、何かについての記号の役割は、実世界におけるその通常の機能にとって代わる。K・イーラム［Keir Elam］は次のように書く。

> 舞台はその内部で明示されるすべての対象や身体の性質を根本的に変え、通常の社会的機能では欠けている――あるいは少なくともあまり明らかでない――圧倒的な表意力をそれらに与える(1980:6、邦訳p.8)

　だから、事例を追求するためには、表の庭にバラを見れば、バラは私たちに様々な方法で応答することを求める。花は明示的に意味のあるものとしては受けとめられない。しかし、同じものを舞台で観れば、私たちはそれが意図を持ち、私たちが解釈しなければならない意図と意味を持つことは確かである。批評では、それゆえに、約束事は、ある理由のためにそこにあるものとしてパフォーマンスのうちに提示されるすべてを認識すること――それは機能、目的、意味を持ち；それは故意に選ばれ、私たちに提示されたものである。舞台の上の椅子は、でたらめな椅子ではなく、特定の椅子なのである。そして、その特定の椅子は、特定の意味を持つ。王座、ロッキングチェア、学校のプラスティック製の椅子、アームチェアの違いを考えて欲しい。

　舞台上のものが全て記号であるならば――そして、全てを意味するのなら――演劇学は、テキスト、調子、ジェスチャー、動き、化粧、衣裳、小道具、照明、音楽、装置等、全てのものを組織的に考える方法的分析を必要とする。なぜその椅子なのかを、私たちは問わなければならない。なぜその色なのか？　なぜその音楽なのか？　観客は、理論が何たるかを知ることなしに、直観的に、記号的分析と名付けられるプロセスを開始する。さらに、ウバーフェルドが示すように、記号を見て解釈するプロセスは、演劇の基本的な喜びなのである(1982:129)。

　類別についての様々な分類学は、この種の記号論的分析を可能にできるように発展してきた。その大部分は大学生を対象としてきた。1960年に、タデウシ・コフザン［Tadeusz Kowzan］は、13種の記号の分類を提供した。この領域で最も顕著で継続するものは、装置、衣裳、俳優の演技、観客といった見出しにより、グループ化された一連の問い「パヴィ[7]の問い［Pavis Questionnaire］」である。

177

パヴィの問いは、近寄りやすさを含む、様々な価値のある要素を持つ。記号論の背景を持たない学生に活用されるために設計され、その審美的な問題の一覧は、パフォーマンス研究のためのチェックリストとして活用される質問とした(Pavis, 1985: 208-12)。質問の構造に内在するのは、説明から分析への同じ動きを持つ。エドモンド・フェルドマンが批評の構造で述べた描写から分析への同様の動きである。アストン［Aston］とサヴォナ［Savona］によると：

　　その有益性は、演劇的な記号システムのリストにある、基本的な「何を探すべきですか」のアプローチにあるが、それはまた、その範疇の中にある提供された下位の質問／議論の長所によって、識別から異議の分析にまで学生を導く。それは絶えず「いかに」意味が構築されるのかの問いを扱い、学生たちを「いかに」から「なぜ」へと導く可能性を生む。(1991：109)

　この動き——何から、いかにへ、なぜへ——は、複雑さが増すという問題ではないが、慎重な重層性の問題であり、個々の層は先行した回答の上に成立する。パヴィの問いは、大人と演劇を学ぶ大人の学生に向けられるが、記号論の擁護と理論は、明らかに、幼い子どもに関心を持たない。私たちが記号論的分析を呼ぶものの行為——記号から意味を読みこむこと——は、その把握を越えるものではない。例えば、いかに子どもが様々な視覚的・聴覚的な記号表現－人々が浜辺で遊んでいる効果音、かもめの音、キャラクターがサングラスをかけている、洗濯物を干す——を変換し、これを「天気の良い日」の全体的に指示するものへ翻訳する能力を、第6章で検証した。だから、私は子どもが使いうる演劇のための審美的問いの手法を発展させる可能性に関心を抱くようになった。それはパヴィの問いだけなく、視覚芸術にあるモデルをも示している。

「演劇を語る」モデル

　P4C、視覚芸術にある審美的問い、演劇学の記号論的分析、パヴィの問いといった、様々なモデルとプロセスを探求してきたが、私は演劇パフォーマンス

7　パトリス・パヴィ Patrice Pavis（1947—）：演劇の記号論とインターカルチュラリズムの研究者。

第 10 章　演劇について語る

に応える、子どもと教師が利用しうる審美的問いのモデルを発展させたいと考えてきた。これはイマジネイトと協働し、その教師らのアドバイザー・グループとの協議を通して行われた。その目的は、議論を制限する刑務所ではなく、高める構造を提供することだった。タウントン［Taunton］は次のように述べる。

> 芸術に活発な教室での対話は、ガイドとして芸術批評のプロセスを用いるが、また、子どもと教師が関わっているために、独自なものをも達成する。
> (1983:42)

このプロジェクトの指針の多くは、本章で指摘されたポイントを包括する。

批評家としての子どもたち

芸術体験に応じ話すことは、社会的ニードであり、体験そのものにとって重要である。体験を高め、観客に力を与えるという理解には喜びがある。だから、私たちは児童青少年に構造を提供することを狙いとすべきであり、そこで彼らは省察的で分析的な批評家としての自身の能力を発展させる。

描写、分析、解釈、評価

このモデルは、相互に築かれる段階を通して、分析を発展させる体系的なプロセスに沿うべきである。ここにおいては、子どもの個人的な応答と意見に対する権利を含む、個々の段階が重要となる。その目的は、心を変えることではなく、観察、分析、省察、表現のスキルを高めることにある。批評は私たちが行う何かであり、私たちが自身の能力を高めうる実践的な活動である。

記号論的分析

子どもたちはすでに洗練されたレベルで、パフォーマンスに対し応答している。それは演劇的サインと約束事を無意識的に解読していることを示す。全体の要素の注意深い表現、いかにそれが協働するのか、何を意味するのか、いかに意味を構築するのかは、全て記号論的分析の中心となるものであり、潜在的に子どもが公演に応答しているという理解のうちにある。

179

審美的問い

プロセスは、異なる年齢のグループに異なるアクセス・ポイントを備え、開かれアクセスできるものであるべきである。その目的は、包括的なモデルになることだった：諸要素は、他よりもある種のパフォーマンスにより適切になりうるものの、多くのパフォーマンス後の資源とは異なり、私たちのプロセスは、特定の公演に特化するものではなく、すべての演劇体験に適用しうる開かれた審美的問いの形態となる。

教師の役割

このモデルは、ファシリテーションを求めるものの、答えの全てを持つ専門家によって指示されるのではないプロセスを提供すべきである。学校で活用される時、教師の役割を、指導者から「子どものための哲学」において求められたような役割に変える。ある意味では、教師にとって挑戦ではあるが、全てを知ることが期待されていない誰かに位置を変えることで、全てが解放される。パフォーマンスの後、子どもはしばしば質問をもって教師を攻めたてる。彼らは答えを知らないか、それについて自信をもてないでいる。ところが、「演劇について語る」モデルが子どもに求めるのは、お互いに、そして自分自身に問いかけることだ。

「演劇について語る」は、演劇との出会いの不可欠な部分であり、それが原体験を深め、広げる。対話に関わり、問いかけ、観察を呼び起こすことは、スキルであり能力である。育てられ、教えられ、奨励される必要がある。以下に提示されるモデルは、これが生まれうる1つのアプローチである。「演劇について語る」は、とりわけ、演劇の楽しみの部分であるべきなのである。

第 10 章　演劇について語る

演劇について語る

イマジネイトと協力して、マシュー・リーゾン（ヨーク・セント・ジョン大学）が作成

　公演後に交わされる会話と議論は、演劇の体験にとってなくてはならないものだ。公演を語り、記憶、解釈、体験を分ちあいたいという強い要望がある。イベントの後に、その演劇について話すことは直観に過ぎないかもしれないが、このような会話は、参加を促し、思考を深め、洞察を鋭くする構造と、関連した問いを通して支援されると便益性を増す。

　演劇パフォーマンスに参加した後で、体験の省察の時間を作ることは、子どもの体験を広げ、彼らの批判的思考のスキルを高める。また子どもが抱いているかもしれない、多くの質問への答えともなる。芸術についての批評的議論は、理解と省察を通して、私たちに喜びを与え、私たちをより良くさせ、より積極的な観客の一員にしていく。

　優れた問いかけをする役割と技術は、ここで提示された演劇パフォーマンスについて対話をはじめ、継続のための枠組みを提供してくれる、構造と問いの事例をもって、教育と学習の不可欠な部分として長く認知されてきた。演劇について話す——そして、考えるプロセスを導く、この構造を使うことは、会話が記憶の呼び起こしと表面的な評価（楽しみましたか？）を越え、演劇的体験との関わりを深く詳細にしていくのである。

このリソースの利用について

　演劇や他の芸術作品を含む、全ての形態のテキストを**理解し、分析し、評価する**スキルを発展させるために、児童青少年を奨励することは、科目を横断して学びとなる信頼性にその役割と価値が認められている。演劇や他の表現芸術の体験は、児童青少年自身の多くの共同体や国民として等の内にある現代ならびに歴史的な芸術について児童青少年が持っている知、理解、鑑賞力を発展させる機会を提供するのである。そして、積極的かつ分析的な観客の一員として芸術に関わることにより、共感と認識の能力を高めるのである。

　情報に基づいた判断 [informed judgement]、**考えぬいた意見** [considered opinions] という能力を発展させる目的をもって、芸術に応答し、全てのカリキュラムの段階をまたぐ成果は、児童青少年の**意見**と**感情**についての議論を促す。「演劇について語る」は、生徒の舞台芸術の体験についての議論を支え、生徒に芸術批評での**知らしめられた価値判断**を行い、スキルを高めるのを支援する方策を、教師が見いだせるように設計されている。

　会話の無限大の広がりは、演劇においては、その形態、スタイル、パフォーマンスの内容、観客の学習のスタイルと年齢に依存する。「演劇について語る」は、ほとんどいかなる演劇体験にも問いを体系化する構造を提供するものである。生徒が好む理由を提供するために、学びうるプロセスを支援するために設計されているのである。芸術作品に対し、

181

いかに批判的に応じるかを学習することは、子どもが芸術作品についてより良く理解でき、同時に、自身の個人的な意見を表現できるようにする。そのために、4つの行動――描写、分析、解釈、評価を伴う芸術批評のモデルを採用しよう。全リソースを使えば、1時間を越える議論が続けられる。諸段階のあいだに考える時間を提供するために、何日かに分けてもかまわない。

アクティビティ	役に立つ質問	議論／学習機会
最初の印象 **好きと嫌い**	それをどう思ったか？ 劇場を後にするとき、私たちがよく行う最初のことは、隣人に向かって、「さて、どう思った？」と訊くことだ。芸術への応答の不可欠な最初の段階であり、非公式に起こる。例えば、帰路のバスの中で――そして、おそらく会話に気づく大人はいない。 この段階をより公式に管理したいのであれば、何らかのインプットの機会を確実にする「ペア＆シェア」を用い、最初の印象を収集する。生徒に最初の応答の記録を求め、議論の終わりに立ち戻るアイデアはどうだろう。	公演についての他者の個人的な思考と感情を学ぶには、つねに良いスタート地点となる。 好きか嫌いかは、芸術に対する私たちの応答の根本であり、このような評価的判断は、芸術批評の中心部分である。この活動は、即時的で洗練されていない応答に余裕を与える。
アクティビティ	役に立つ質問	議論／学習機会
描　写 今見たものはどんなだったか？	グループで円になって座り、公演の記憶を探り始める。質問から始める。 **パフォーマンスであなたが覚えていることを私たちに話して下さい。** **何をあなたは見、感じ、聞き、嗅いだのですか？** 生徒個々に自身の記憶、またはすでに触れられたこと以外のものを考えることを促す。 グループの全員でどんなに些細なことも、公	演劇の公演では、多くのことが起こる。観劇後にそれを議論する時、すでに記憶の消滅が始まっていることがある。 そのため、記憶を呼び戻すプロセスから始めることが役に立つ。何を観て、何を聞いた

第 10 章　演劇について語る

	演の記憶を順番に分かち合う。円で進め、2回以上が望ましい。	かの描写を集め、体験を収集し、分かちあう。
	ホワイトボード、大きな紙に、後でも戻れるノートとして記憶を書き留めておくと役に立つ。	グループから集団として集められた描写は、公演についての豊かで詳細にわたる描写を構築し始める。この豊かな描写が、芸術批評の最初の段階となる。
	議論を広げる もし回答がとても短ければ（単に、「装置」のような）、**それについてもっと話せないかしら？** のような、開かれた問いと奨励を用い、生徒の認識に広がりをもたせる。	
分　析 公演の異なる諸要素がいかに組み合わされるのか？	生徒が記憶を提示し、その次のステップは、それを順番に並べ、いかなる異なる要素が公演の中にあったかをはっきりさせる：何を見た／聞いたか？　なぜこれらのものがそこにあったのか？　それらがいかに体験に影響を与えたか？ 181185頁のプロムプト・カードのサンプル質問を用いて、彼らの応答をカテゴリー別に分類する。 公演の特殊な要素に関連して、それを生徒が考えるように促す。 プロムプト・カードは、公演の次の要素を問いかける。 ・装置　　　　　　　・小道具 ・照明　　　　　　　・衣裳 ・俳優とキャラクター　・音楽 ・音響　　　　　　　・スピーチと言語 ・観客　　　　　　　・演出 そのクラスにとって初めての演劇体験なら、プロムプト・カードを彼らに与える前に、用語を紹介し、議論することもできる。	芸術批評において、会話は、そこに存在する理由として、公演の中で提示された全てを認識するためにある。全てが意図的に選ばれ、私たちに提示されたものであり、その単純な存在を越えて、意味と目的をもった記号になる。 観客の役割は、記号を解釈することであり、それらが何をしていたか；なぜそれらが選ばれたのか；そして、いかにこれが私たちの体験に影響するのかを考えることである。これを行うことで、いかに芸術がコミュニケートするかの理解において

		生徒の手助けとなる。
	クラスを少人数のグループ／ペアに分け、個々のカテゴリーを見ていくことを薦める。彼らの議論を紙やノートに記録し、それぞれのグループに見いだしたことを発表するように求める。あるいは、グループ間で回す。 個々のプロムプト・カードは、質問で終わることに気づくことになる。 **装置／照明／衣裳等は、何について伝えましたか？** この質問は、生徒に、いかに、なぜ、公演の異なる要素が一緒にされていたかを考え、なぜ演出家は特定の選択を行ったのかを考えさせる。 **さらなる議論を促す** 子どもが答えに苦労しているなら、興味深い選択肢は、もし自分が演出家だったらどのように違ったものになったかを訊く。選択の背後の理由と、その影響を生徒に考えることを求めるものである。	
解 釈 それが自分にとって何を意味したのか？	解釈は、描写され分析されたものに意味を見いだすプロセスである。無感覚にするプロセスであってはならず、誰もが同意する答えを出すものでもない。次の質問は、公演についてのより創造的、思索的、しかも解釈的な会話を始めるために作られた。いくつかは意図的に驚くべきもの、あるいは遊び心に満ちたものである。質問は、公演と生徒の年齢・経験に応じて、調整される必要がある。 **1つあるいは複数の質問を選んでもいい。**	解釈的な議論は、芸術作品が私たちに何を意味するのか、そして、それがどのように、なぜ意味するかの開かれた質問である。 芸術批評においては、批評家の解釈は芸術作品とその観客のあいだに橋のようなものを形成する。解釈のため

第10章　演劇について語る

	・公演にどんな他のタイトルを付けられますか？　そして、なぜ？ ・公演が記憶に長く残っていたとしたら、他に何かが起こりましたか？　これがいかにその意味を変えましたか？ ・公演はあなた自身の生活について、何かを考え／感じさせましたか？　どのように、なぜ？ ・公演が1つの音あるいは色だったら、どんなですか？　なぜ？ ・あなたが公演のなかのキャラクターの1人だったら、どの役？　なぜ？ ・公演の何かを変えますか？　なぜ？ これらの質問は、個人の活動として最良の回答を引き出すと考えている。回答する前に考える時間を与えるために、本や他の方法を考えてもいい。生徒が考え、次の日に戻れるように質問を設定するといいだろう。 **それで、なぜ？** 上記で必要とされる補助的な説明は——それで、なぜ？——明らかに不可欠なものだ。ここでより多大な応答を促すために、開かれたプロムプトを使う： なぜそのように考えるのか？ 何を意味するのか説明できますか？ それについての証拠はありますか？	に、プロの芸術批評家になる必要はない。これらのエキササイズは生徒に、表現的な形態で公演に関わり、その影響と、彼らにとっての意味を表現できるようにする。 **科目を横断する作業** 解釈はまた、私たちが経験を他の形態に転換を探る時にも生じる。生徒に絵を描く、詩や俳句、モデル、台本、新聞記事、日記、あるいはパフォーマンス（そのキャラクターにとっての大事な瞬間の静止画のような）を求めることもできる。それがここで示した質問の1つへの応答になる。
評　価	評価は、なぜその公演が好き／嫌いなのかを見	議論が始まりと同じ

185

理由のある 意見の表明	る。上記の全ての要素を考えた後に、個人的意見、よく考えられた判断の上に、自分の意見の基にする。 解釈の個々の活動は、以下の質問をめぐる最後のグループ議論で締めくくられるべきだろう。 ・誰か議論により公演についての気持ちを変えましたか？ ・あなたは、この公演を見るのを薦めますか／薦めるべきではないですか？ ・将来、この公演について覚えていると思いますか？	テーマに戻ることで＿あなたは公演を好きでしたか？——好き／嫌いの評価的応答の重要性を認識する。 議論の後でさえも、個々人が異なる趣味を持ち、自分自身の意見に対する生徒の権利を主張するものであると認識する。その目的は気持ちを変えることではない。変化が起きたとしたら、その理由を探ることは面白いが。しかし、上手くいえば、趣向は説明と理由を持ってより十分に支えられるようになる。

パフォーマンスを分析する：役に立つ質問

公演についての様々な要素に関連しての質問

・装置	・小道具	・照明	・衣裳
・俳優＆キャラクター	・音楽	・スピーチ＆言語	・音響
・観客	・物語＆意味	・演出	

☐　個々のカテゴリ　を考えるために、グループ／ペアにし、プロンプト・カードとして配布して下さい。

☐　個々のグループ／ペアに見いだしたことを訊き、そこで意見を交換して下さい。

☐　質問は包括的なものですので、多かれ少なかれ、他の公演にも利用できます。

☐　自分で補足し、加えてもかまいません。

第10章　演劇について語る

装置

☐ 装置は実生活の何かと似ていましたか？　どんな風に？
☐ 装置は現代的／歴史的でしたか？　どんな風に？
☐ 装置は公演中にどのように変わりましたか？
☐ 何か場違い、おかしいものがありましたか？
☐ 装置にはどのような形のもの、オブジェがありましたか？
☐ 装置はどんな色が使われていましたか？どの色が最も強く、最も重要でしたか？
☐ どのくらいの高さでしたか？　どのくらいの低さでしたか？

装置は、設定された場所、そのムード／雰囲気について何かを教えるものでしたか

衣裳

☐ 俳優たちは衣裳／日常着を着ていましたか？
☐ 衣裳はどんな形／生地が使われていましたか？
☐ 衣裳はどんな色でしたか？　どの色が最も強く、最も重要でしたか？
☐ 俳優が動いたり、話したりすると、衣裳にどんな影響がありましたか？
☐ 衣裳はキャラクターを認識すること、その個性の何かを示すことを助けになりましたか？

衣裳は、時間／場所／キャラクター／設定のムードを教えるものでしたか？

小道具

☐ どんな小道具—いかなる類のオブジェ—が公演に使われていましたか？
☐ 小道具のうち、場違いやおかしいものがありましたか？　どんな風に？
☐ 小道具が1つの機能以上の働きをしましたか？　どんな風に使われましたか？
☐ 小道具はどのようにキャラクターに関わりましたか？　どんな風に？　小道具が俳優の動きに影響を与えましたか？
☐ 小道具には象徴的な重要性がありましたか？

小道具が設定された場所／キャラクターについて、何かを教えるものでしたか？

音楽

- ☐ 公演ではどんな異なる種類の音楽が使われていましたか？
- ☐ 音楽は俳優が演奏していましたか／舞台袖から聞こえましたか？　音楽は物語の一部／付随的／雰囲気でしたか？
- ☐ 音楽が公演のムードにどのように影響を及ぼしていましたか？
- ☐ 音楽は特定のキャラクターにマッチしていましたか？
- ☐ 公演のムード／物語／時間と場所について音楽が何を教えましたか？

キャラクターについて音楽が何を教えましたか？

音響

- ☐ 公演にはどのような音楽ではない音が使われていましたか？
- ☐ 舞台上のパフォーマーによって出された音でしたか？／舞台袖からのものでしたか？
- ☐ これらの音はリアルでしたか？　どんな風に？

音は、設定の時間／場所／ムードを教えるものでしたか？

照明

- ☐ どのように照明を描写しますか？　照明は明るい／暗い／スポットライト／色つき／日常／特別でしたか？
- ☐ 照明は公演のあいだに、どのように変化しましたか？
- ☐ 照明はどのように公演のムードに影響しましたか？
- ☐ 照明は空間を区分するために使われていましたか？　そこにないものの幻想を作るために？　形をつくるために？

照明は、設定の時間／場所／ムードについて教えるものでしたか？

スピーチ＆言語

- ☐ 俳優たちは台詞を暗記して話していたと思いますか？　その場で作っていましたか？即興でしたか？
- ☐ 舞台袖からのボイスオーバーがありましたか？　その場合、この声は誰のものでしたか？
- ☐ スピーチは特定のアクセントでしたか？　音量は？　異なるトーン（感情）をもっていましたか？

第 10 章　演劇について語る

□　記憶に残る台詞はありましたか？

　　設定された時間／場所、キャラクターについて教えるスピーチ／言語はどんなものでし
　　たか？

観客

□　どこで公演は行われましたか？　公式／非公式のコンテキスト？　それが体験に影響
　　を及ぼしましたか？
□　公演の対象観客は？　どんな期待を刺激しましたか？
□　観客はどのように公演に応えていましたか？
□　全てが観客に分かりやすいものでしたか？　何かはっきりしないままのものがありま
　　したか？

　　見ている観客が公演にどのような影響を及ぼし、公演が観客もどのような影響を及ぼ
　　しましたか？

俳優＆キャラクター

□　パフォーマーたちは自分自身／キャラクターとして登場しましたか？　どうしてわか
　　りましたか？
□　どんな異なるキャラクターがそこにいましたか？
□　それら性格を描写できますか？
□　どのようにそれがその性格だとわかりましたか？
□　キャラクターたちは動き／振りを、どんな特別な方法で行いましたか？　彼らがどの
　　ように歩き／微笑み／笑ったかを描写できますか？　どんな効果がありましたか？
□　俳優の身体的見かけはどんなでしたか？　俳優のスピーチや衣裳によって影響されま
　　したか？
□　キャラクターは観客に直接話しかけましたか／お互い同士にだけ話しましたか？

　　演技とキャラクターは、公演の装置／ムード／モラル、メッセージについて何を教え
　　ましたか？

物語あるいは意味

□　語りがあった場合、それを要約できますか？

189

☐ 物語は時系列／循環で語られましたか？　この影響はどんなですか？

☐ 物語に究極的な転換点がありましたか？

☐ 物語のジャンルは何でしたか？

☐ 公演には底に潜む意味（モラル、メッセージ、テーマ）がありましたか？

☐ これはどのようにコミュニケートしましたか？

☐ 物語ならびに／あるいは意味は、生活に即し、信じられるものでしたか？

公演のあなたの体験に語りはどんな影響をもたらしましたか？

演出

☐ 公演の全体のペースはどんなでしたか？

☐ 遅くする／早くする要素はありましたか？　その場合、なぜですか？

☐ 公演の全ての要素（装置、照明、衣裳、演技など）は一体化していましたか？　なぜ、そう／なぜ、そうじゃない？

☐ 故意に矛盾するものはありましたか？

☐ 公演について何か驚くべきものがありましたか？　そうなら、何ですか？

☐ 公演を結びつける支配的な要素はありましたか？

☐ 公演は統一したスタイル、ジャンル、見かけをもっていましたか？

公演で最も重要なのか何を演出が示唆しましたか？

結論

観客のまなざし

「観る」撮影：リサ・バーナード
オリジナルは、プール・オブ・ロンドン・パートナーシップとサウスイースト芸術評議会の支援により、写真撮影レジデンシーの一環として、ユニコーン劇場のために委嘱されたもの。

結論
観客のまなざし

　「いかに子どもは演劇を観るのか」を問う本書にとって、リサ・バーナードが撮影したロンドンのユニコーン劇場でパフォーマンスを見つめている、子どもの印象的な写真の掲載はふさわしいと思う。演劇は体験されるために作られる。バーナードの写真は、観るという行為を省察することを私たちに求める。

　演劇を観るという行為は、即時的で、とても公的でありながら、また私的なものである。公的な場所で行われることにおいて公的である。実際、演劇はしばしば共有の形態であり、体験を分かちあうものとして表現される。だが、観ることはまた、両目を通して心の中で起きる私的な活動でもある——それなりの瞬間を除き——必ずしも、表情に出るものではない。バーナードの写真の子どもたちを見ていると、この秘密の作業は明らかに生じているが、私たちには子どもが正確に何を考え、何を見て、いかに応答しているのかを知ることはできない。いかに子どもが演劇を体験するのかを探るに当たり、本書の挑戦は、まさに公的なイベントの中にあって、私的な体験の何かを見いだそうとすることだった。

　しかし、児童青少年の観客が自分の演劇体験をいかに理解するのかを知りたいと望むのであれば、この挑戦はきわめて重要である。さらには、いかに子どもが演劇と関わるか、子どものために私たちが作る演劇において、私たちが観客をどれほど真面目に把握しているかについて、私たちが関心を抱いていないとしたら？　前置詞「for」の意味は、興味深く、熟考する価値がある。

　私たちの社会では、子どもは、多くの場合、無力に作られる：傷つきやすく、依存し、保護を必要とし、語りかけられる必要のあるものとして。子どものための演劇においては、この無力性は、前置詞forに示される。子どものためながら、大人の作家、芸術家、演出家、俳優によるもの。また、子どもにとって良いもの、彼らの便益、彼らの教育のために存在するのである。

　このことは、子どものためのフィクションの「不可能性」を断言するジャクリーン・ローズ(1984)につながっていく。この主張のうちに維持される大人と子どものあいだの力のアンバランスということだ。そして、「子どもの文化としてとらえられるものは、常に子どものために作られ、子どもに力説する文化の問

193

題であり続ける」と書いたスティーブン・クレインにもつながる。クレインが示すのは、子どものための文化の概念が求めるのは、声なき子どもである。その声は大人によって決められてしまう。それはその文化的体験に対して、多分に無力と等しいものにしてしまう無音状態なのである(1998:95)。

　子どものための演劇のコンセプトでは、観客として子どもを据え、その観客は大概、受け身で力を奪われた位置として認知される：行動者ではなく見者、参加者よりは観察者、話すよりは語りかけられる存在である。演劇の観客は、文字通り、典型的に、沈黙が求められ、適切な瞬間のみに声が出せる。そこに楽しまされるために存在し、他のことはほとんどせず、座っているという観客に対する認識は、テレビやビデオゲームに伴う、受け身の消費としてのカウチ・ポテトのイメージで最もお馴染みのものである。だから、演劇の観客はアクティブではなく、従順であることが当然と論じられるかもしれない——行動する代わりに見る、体験する代わりに見ることが幅広い文化的関心の役割なのである。

　バーナードの演劇を見る子どもの写真は、これらのクオリティのいくつかを描いている。表情は空白ではない。だが、子どもの顔には閉じられたクオリティが存在する。その効果はテレビ画面の誘発するものとは異なって、紅潮を帯びる。顔の静寂、表情の遠い恍惚、つやのある目といったクオリティは、観客の演劇の体験は、大方、受け身であると信じさせることにつながる。

　しかし、釘づけの目はその人の受け身を示すものの、それは最高レベルの関与としても捉えられる。子どもは最も正直な観客として見なされることが多い。もし公演が陳腐で関心を惹かないものであれば、そわそわし、動き、話し、目をそらす。他方、公演が実に面白ければ、子どもは静かに釘づけになる——大人以上に。そして、釘づけの観客は、外的（公的）には、受け身だが、内的（私的）には、非常に活発であるかもしれないのである——彼らの目で起きていることを解釈し、関わり、分析し、構築する作業において。

　観客が座り、見て聞くことに同意する文化的契約の結果として、観客は受け身という公的な顔と表面的な容貌の一方で、演劇に関与した観客の私的かつ内面の体験は、決してそんなものではない。観客の二重の概念——外的には受け身、内的には活発——は、演劇学ならびに観客調査で強く主張されている。例えば、スーザン・ベネット [Susan Bennett] は、「観客 [spectators] は演劇の上演中の振舞いにおいては受け身になるように訓練されるが、記号というシステムの解読ができると活性化する」と綴る(1997:206)。あるいは、ウバーフェルド

194

が書くように、「演劇の喜びは、決して受け身のものではない；「「受けとる」以上に、大きな役割を行う」(1982:132)。

　観客が「行う」ことは多々ある。客は見る、イベント後にパフォーマンスに応える喜びと関与、プロセスの行いである。観客の行いは、いかに子どもが演劇を見るのかを描写し、分析してきたように、本書の主眼であり続けてきた。幼い観客が幻想、語り、キャラクターの喚起された体験に関わるのと同時に、舞台、テクニック、パフォーマンスの物質的な見かけに関わるという二重のビジョンを検証してきた。この二重のビジョンは、喚起された幻想に関わりを高める公演のクラフト、物質的な現実との関わりをもって体験の１つの要素から他のものへ転換する積極的な解読を伴うのである。

　児童青少年の観客の積極的な演劇との関わりと、彼らの演劇的能力は、演劇の記号と約束事を解釈するだけなく、自分自身の解釈を省察し、表現すると記してきた。演劇を見る報いは、しばしばその行為自体に、体験への積極的かつ省察的な関わりに見いだされた。この理解と知の喜びは、活発なものであり、受け身ではない。

　私が出会った幼い観客は、パフォーマンスとの彼らのパフォーマンス後の関わりに喜びを示した。事後の研究ワークショップにおいてパフォーマンスに応じて、思い出し、議論し、芸術作品を作ることを楽しんだ。パフォーマンス後のワークショップは、積極的なまでに子どもの体験を高めた。子どものパフォーマンスとの関わりを確かなものにし、共鳴を通して、構築を与えたのである。

　パフォーマンスについて語る、思い出す（思い出さない）、体験をお絵描きや他の芸術作品に転換することは、子どもが積極的な観客 [spectators] になり、体験を考え、内面化し、潤色し、転換し、結果として、自分自身のために体験を所有し始めることを求めるものだ。大人の作家、芸術家、演出家は統制を失い、パフォーマンスと体験の意味は、観客としての子どもが所有するものとなる。

　子どもがその想像的な生活において、文化的体験を使い、遊び、転換する方法は、いかに受け身の消費者が、現実には活発な参加者であるかを明らかにする。知と、省察と、批評性のスキルを獲得することは、無力な子どもに、子ども自身の文化的体験によって解放され、力を与えることになる。だからこそ、幼い観客と演劇のあいだの関係性は、アクセスや客席の上の怠け者を捕まえること、また、単に豊かな文化的体験に晒すための平等化された文化権として、決して、概念化されるべきではない。文化権は、幼い観客のエンパワメントにお

195

いて重要な要素として、芸術形態の知と批評性を包括しなければならないのである。

もう一度、バーナードの写真を見て、釘づけされたまなざしの向こうで、何が起こっていたかを考えて欲しい。パフォーマンスのあいだに生じる解読と応答の積極的なプロセスについて考えて欲しい；そして、その体験が、パフォーマンスの後、子ども自身の文化的かつ想像的な生活において、共鳴し、持続しうる方法を考えて欲しい。

批判的理論の中でまなざしとして描写され、性的倒錯として議論されかねない、釘づけの目それ自体をも、私たちは考えるべきなのだ。あるいは、見る喜びとして、さらに、エロチックで覗き見て的で、落ち着きを失わされる機能についても。子どもは凝視するのをやめるよう命じられることがある：大人は凝視が落ち着きを失わせるとするが、それこそが動かす力を持つ。ハーバート・ブラウ [Herbert Blau] が書くように、「釘づけられた眼球には、強制的な力が存在する」(1990:6)。劇場では、それぞれの関心はパフォーマンスに集中し、誰も観客を見ない。バーナードの写真の子どもたちは無防備に見える；彼らは見られることを期待していないからだ。観客は、日常生活ではタブーとされる方法で、舞台と舞台上の人々を鋭く見る許可証が与えられる。この集団として釘づけされたまなざしの力は、パフォーマーが実体があると報告する何かであり、それを通して、俳優は観客を実感するのである。

この見る、凝視する喜びと驚きは、本書が描いた観客 [spectator] の他の喜びと結びつく。知と理解から生まれる、意識的かつ省察的な喜び；共感と驚きから生まれる、情緒的喜び；そして、体験を分かちあうことから生まれる、社会的な喜びである。いずれにせよ、ものを凝視する、見つめる、見る、または目撃することを考えることは、見るという積極的な作業 [audiencing] に、私たちが関わっているのだ。演劇は体験されるように作られ、その体験の性質を考えることは、十分に理解される必要がある。本書において、私は傍観性 [spectatorship] が、行動が欠如した受け身でなく、行う行為として、いかに認知されうるかの探求に務めてきた。

本書が、親、教師、芸術家、教育従事者といった、子どもと演劇に関わる人々に活力を与え、エンパワーすることを望んでいる。私が望むのは、本書が提供した洞察、知、ツールが、私たち全員を子どもの演劇体験に入り込んでいく積極的な研究者にすることであり、子どもたちを活力ある自己省察的な観客の一

員となることを促すことだ。子どもと私たち自身の演劇体験についてより多くのことを学び、それによってその芸術との関わりを豊かなものにすることが、演劇の体験を長く心に響かせる方法なのだ。

参考文献

Adams, Eileen (2002) Power Drawing. *Internationai Journal of Art and Design Education*, 21 (3)220-233

Adams, Eileen and Baynes, Ken (2003) *Power Drawing Notebooks*, London, Drawing Power, The Campaign for Drawing

Anning, Angela and Ring, Kathy (2004) *Making Sense of Childlren's Drawings*, Maidenhead, Open University Press

Ariès, Philippe (1979) *Centuries of Childhood*, Hammondsworth, Penguin／フィリップ・アリエス『〈子供〉の誕生―アンシァン・レジーム期の子供と家族生活』杉山光信・杉山美恵子訳、みすず書房、1980年

Arnold, Andy (2005) *An Arches View on the Way Forward*... Public Submission to the Cultural Commission. Available: www.culturalcommission.org

Asthana, Anushka and Thorpe, Vanessa (2007) Arts Chief Warns of Cultural 'Apartheid'. *The Observer*. 2 December, London

Aston, Elaine and Savona, George (1991) *Theatre as Sign-System: A semiotics of text and performance*, London, Routledge

Barba, Eugenio (1992) Efermaele: 'That which will be said afterwards'. *The Drama Review*, 36 (2)77-80

Bennett, Stuart (2005) Introduction: A history and perspective. In Bennett, S (ed) *Theatre for Children and Young People: 50 years of professionel theatre in the UK*. London, Aurora Metro Press

Bennett, Susan (1997) *Theatre Audiences: A theory of production and reception*, London, Routledge

Blau, Herbert (1990) *The Audience*, Baltimore, John Hopkins University Press.

Bogatyrev, Petr (1983) The Interconnection of Two similar Semiotic Systems: The puppet theatre and the theatre of living actors. *Semiotica*, 47 (1/4) 47-68

Boon, Jain (2005) Children's Theatre and Emotional Literacy. In Bennett, S (ed) *Theatre for Children and Young Reople*. London, Aurora Metro Press

Bourdieu, Pierre (1984) *Distinction: A scial critique of the judgement of taste*, London, Routledge and Kegan Paul／ピエール・ブルデュー『ディスタンクシオン―社会的判断力批判Ⅰ・Ⅱ』石井洋二郎訳、藤原書店、1990年

Bresler, Liora and Thompson, Christine Marme (eds) (2002) *The Art in Childnen's Lives: Context, culture and curriculum*, Dordrecht, NL, Kluwer Academic Publishers

Brosius, Peter C. (2001) Can Theater + Young People = Social Change? The Answer Must Be Yes. *Theater,* 31 (3) 74-75

Burnard, Pamela (2000) How Children Ascribe Meaning to Improvisation and Composition. *Music Education Research,* 2 (1) 7-23

Burton, Judith, Horowitz, Robert and Abeles, Hal (1999) Learning Through the Arts: Curriculum implications. In Fiske, EB (ed) *Champions of Change: The impact of the arts on learning.* Washington DC, Arts Education Partnership

Catterall, James S, Chapleau, Richard and Iwanaga, John (1999) Involvement in the Arts and Human Development: General involvement and intensive involvement in music and theatre arts. In Fiske, EB (ed) *Champions of Change: The impact of the arts on learning.* Washington DC, Arts Education Partnership

Cazeaux, Clive (ed) (2000) *The Continental Aesthetics Reader,* Abingdon, Routledge

Charman, Helen and Ross, Michaela (2004) *Contemporary Art and the Role of Intetpretation.* Tate Papers. Available: www.tate.org.uk/research/tateresearch/ tatepapers/04autumn/charman.htm

Christensen, Pia and James, Allison (eds) (2000) *Research with Children: Perspectives and practices,* London, Falmer Press

Clark, Anthony (2002) *The Quality of Children's Theatre.* Birmingham, Arts Council of England

Clifford, John (2000) *Hansel and Gretel* and the Art of Children's Theatre. *Edinburgh Review,* 105,65-72

Coates, Elizabeth (2004) 'I Forgot the Sky!' Children's stories contained within their drawings. In Lewis, V, Kellett, M, Robinson, C, Fraser, S and Ding, S (eds) *The Reality of Research with Children and Young People.* London, Sage/OUP

Cultural Commission (2005) *Final Report of the Cultural Commission.* Edinburgh, Scottish Executive. Available: www.culturalcommission.org

Davis, Jessica (2004) *The Muse BooK: A report on the work of Project Muse.* Cambridge, MA, Harvard Graduate School of Education

Dewey, John (1934) *Art as Experience,* New York, Minton, Blach and Co／ジョン・デューイ『芸術論―経験としての芸術』鈴木康司訳、春秋社、1969年／『経験としての芸術』栗田修訳、晃陽書房、2010年

Donders, Yvonne (2004) The Legal Framework of the Right to Take Part in Cultural Life. Conference on Cultural Rights and Human Development. Barcelona. Available: www.culturalrights.org

Downing, Dick, Ashworth, Mary and Scott, Alison (2002) *Acting with Intent: Theatre companies and their education programmes.* Slough, National Foundation for Education Research

Downing, Dick, Johnson, Fiona and Kaur, Satpal (2003) *Saving a Place for the Arts?*

A survey of the arts in primary schools in England. Slough, NFER

Drury, Martin (2006) Steering the Ark: A cultural centre for children. *Teaching Artist Jounal,* 4 (3) 149-157

Elam, Keir (1980) *The Semiotics of Theatre and Drama,* London, Methuen／K・イーラム『演劇の記号論』山内登美雄・徳永哲訳、勁草書房、1995 年

Feldman, Edmund Burke (1992) *Varities of Visual Experiences,* New York, H.N. Abrams

Fiske, Edward B (ed) (1999) *Champions of Change: The impact of the arts on learning,* washington, DC, The Arts Education Partnership

Ford, Michelle and Wooder, Dot (1997) *Is it in Colour, Miss? The fitst fifity years of the Unicorn Theatre for Children,* London, Unicorn Theatre

Freshwater, Helen (2009) *Theatre and Audience,* Houndmills, Palgrave Macmillan.

Gardner, Lyn (2002) *The Quality of Children's Theatne.* Birmingham, Arts Council of England

Gauntlett, David (2004) *Using New Creative Visual Research Methods to Understand the Place of Popular Media in People's Lives.* IAMCR

Geraghty, Christine (1998) Audiences and ‘Ethnography': Questions of practice. In Geraghty, C and Lusted, D (eds) *The Television Studies Book.* London, Arnold 141-157

Goldberg, Moses (1974) *Childien's Theatre: A philosophy and a method,* New Jersey, Prentice Hall

Graham, Tony (2005) Unicorn: The pioneer children's theatre. In Bennett, S (ed) *Theatre for Children and Young People.* Aurora Metro Press

Greene, Sheila and Hill, Malcolm (2005) Researching Children's Experiences: Methods and methodological issues. In Greene, S and Hogan, D (eds) *Researching Children's Experiences.* London, Sage1

Guenther, Katja M (2009) The politics of names: rethinking the methodological and ethical significance of naming people, organisations and places, *Qualitative Research* 9(4) 411-421

Harland, John, Kinder, Kay and Hartley, Kate (1995) *Arts in Their View. A study of youth participation in the arts,* Slough, National Foundation for Educational Research

Harland, John, Kinder, Kay, Lord, Pippa, Stott, Alison, Schagen, Ian and Haynes, Jo (2000) *Arts Education in Secondary Schools: Effects and effectiveness,* Slough, National Federation for Education Research

Haynes, Joanna (2002) *Children as Philosophers,* London, Routledge Falmer

Heron, John (1996) *Co-operative Inquiry; Research into the human condition,* London, Sage

Holland, Norman (1981) Criticism as Transaction. In Hernadi, P (ed) *What is Criticism?* Bloomington, Indiana University Press

Hood, Suzanne, Kelley, Peter and Mayall, Berry (1996) Children as Research Subjects: A risky enterprise. *Children and Society,* 10 (2) 117-128

Jackson, Tony (1993) Introduction. In Jackson, T (ed) *Learning Through Theatre: New perspectives on Theatre in Education.* London, Routledge

Jowitt, Deborah (1977) *Dance Beat: Selected views and reviews 1967-1976,* New York, Marcel Dekker

Jurkowski, Henryk (1983) Transcodification of the Sign Systems of Puppetry. *Semiotics,* 47 (1-4)123-146

Kirby, Michael (1974) Criticism: Four Faults. *The Drama Review,* 18 (3) 59-68

Klein, Jeanne (1987) Children's Processing of Theatre as a Function of Verbal and Visual Recall. *Youth Theatre Journal,* 2 (1) 9-13

Klein, Jeanne (1989) Third Grade Children's Verbal and Visual Recall of Monkey, Monkey. *Youth Theatre Journal,* 4 (2) 9-15

Klein, Jeanne (1990) First Grade Children's Comprehension of Noodle Doodle Box, *Youth Theatre Journal,* 5 (2) 7-13

Klein, Jeanne (1993) Applying Research to Artistic Practices: This is not a pipe dream. *Youth Theatre Journal,* 7 (3) 13-17

Klein, Jeanne (2005) From Children's Perspective: A model of aesthetic processing in theatre. *Journal of Aesthetic Education,* 39 (4) 40-57

Klein, Stephen (1998) The Making of Children's Culture. In Jenkins, H (ed) *The Chiidren's Culture Reader.* New York, New York University

Laaksonen, Annamari (2005) *Measuring Exclusion Through Participation in Cultural Life.* Third Global Forum on Human Development, Paris

Liptai, Sara (2004) *Two Pictures and Two Pieces of Music: How are they connected?* ECME. Barcelona

Liptai, Sara (2005) What is the Meaning of this Cup and that Dead Shark? Philosophical inquiry with objects and works of art and craft. *Childhood and Philosophy,* 1 (2). Available: www.filoeduc.org/childphilo/n2/SaraLiptai.htm

Lutley, Phyllis & Demmery, Sylvia (1978) *Theatre for Children and Theatre in Education,* Bromley, Educational Drama Association

Malchiodi, Cathy A (1998) *Understanding Children's Drawings,* London, Jessica Kingsley

Matthews, Gareth B (1980) *Philosophy and the Young Child,* Cambridge, Mass, Harvard University Press

Matthews, John (1999) *The Art of Childhood and Adolescence: The construction of meaning,* London, Falmer Press

Mayall, Berry (2000) Conversations with Children: Working with generational issues. In Christensen, P and James, A (eds) *Research with Children: Perspectives and practices*. London, Falmer

McMaster, Brian (2008) *Supporting Excellence in the Arts: From measurement to judgement*. London, Department for culture, media and sport

McNaughton, Marie Jeanne, Mitchell, Liz and Eaton, Wilma (2003) *A Curriculum for Excellence, Review of Research Literature: Expressive Arts*. Glasgow, University of Strathclyde

Melzer, Annabelle (1995) 'Best Betrayal': The documentation of performance on film and video, part1. *New Theatre Quarterly*, 11 (42) 147-157

Morag Ballantyne Arts Management (2001) *Education and Audience Development Audit*. EDinburgh, Scottish Arts Council

Morrison, David E (1998) *The Search tor a Method: Focus groups and the development of mass communication research*, Luton, University of Luton Press

Morrison, William G and West, Edwin G (1986) Child Exposure to the Performing Arts: The implications for adult demand. *Journal of Cultural Economics*, 1O (1) 17-24

Morrow, Virginia and Richards, Martin (1996) The Ethics of Social Research with Children: An overview. *Children and Society*, 1O (2) 90-105

National Endowment for the Arts (1992) *Effects of Arts: Education on Participation in the Arts*. Washington DC: Naticnal Endowment for the Arts

Naysmith, Stephen (2005) ls it curtains for school theatre trips? *The Herald* 28 June. Glasgow

NFO System Three (2002) *Attendance at, Participation in and Attitudes towards the Arts in Scotiand*. Edinburgh, Scottish Arts Council

O'Brien, Jane (1996) *Secondary School Pupils and the Arts: Report of a MORI Research Study*. London, Arts Council of England

O'Neill, Cecily (2005) *Imagination in Action: Unicorn Education 1997-2005*. London, Unicorn Theatre

Pavis, Patrice (1985) Theatre Analysis: Some questions and a questionnaire. *New Theatre Quarterly* 1 (2) 208-12

Pipe, Margaret-Ellen, Salmon, Karen and Preistley, Gina K (2002) Enhancing Children's Accounts: How useful are non-verbal techniques. In Westcott, H L, Davies, G M and Bull, R H (eds) *Children's Testimony: A Handbook of Psychologicai Research and Forensic Practice*. Chichester, Wiley

Pullman, Philip (2004) Theatre -- the true key stage. *The Guardian* 30 March. London

Reason, Matthew (2006a) Young Audience and Live Theatre, Part 1: Methods, participation and memory in audience research. *Studies in Theatre and Performance*,

26 (2) 129-145

Reason, Matthew (2006b) Young Audience and Live Theatre, Part 2: Perceptions of liveness in performance. *Studies in Theatre and Performance,* 26 (3) 221-241

Reason, Matthew (2008) Thinking Theatre: Enhancing Children's Theatrical Experiences Through Philosophical Enquiry. *Childhood and Philosophy,* 4 (7), Available: www.filoeduc.org/childphilo/n7/Matthew_Reason.pdf

Reekie, Tony (2005) Revival of Theatre in Scotland: The Cinderella Story of Scottish Children's Theatre. In Bennett, S (ed) *Theatre for Children and Young People.* London, Aurora Metro Press

Ring, Kathy and Anning, Angela (2004) *Early Childhood Narratives Through Drawing.* TRACEY: Contemporary Drawing Research

Robinson, Ken (2001) *All Our Futures: Creativity, culture and education.* London, National Advisory Committee on Creative and Cultural Education

Roland, Craig (2007) *Questions to Ask Kids about Works of Art.* Art Junction, University of Florida

Rose, Jacqueline (1984) *The Case of Peter Pan, or, The Impossibility of Children's Fiction,* London, Macmillan／ジャックリーン・ローズ『ピーター・パンの場合—児童文学などありえない？』鈴木晶訳、新曜社、2009 年

Sartre, Jean-Paul (1976) The Author, The Play and The Audience. In Contat, M and Rybalka, M (eds) *Sartre on Theatre.* London, Quartet Books

Sauter, Willmar (2000) *The Theatrical Event: Dynamics of performance and perception,* Iowa City, University of Iowa Press

Saywitz, Karen J (2002) Developmental Underpinnings of Children's Testimony. IN Westcott, H L, Davies, G M and Bull, R H (eds) *Children's Testimony: A handeook of psychological research and forensic practice.* Chichester, Wiley

Schoenmakers, Henri (1990) The Spectator in the Leading Role: Developments in reception and audience research within theatre studies, In Sauter, W (ed) *New Directions in Theatre Research,* Munksgaard, Nordic Theatre Studies 93-106

Schonmann, Shifra (2006) *Theatre as a Medium for Children and Young People: Images and observations,* Dordrecht, Springer

Scottish Arts Council (2006) *Theatre Style: Children's Theatre.* Available: www.scottisharts.org.uk

Shershow, Scott Cutler (1995) *Puppets and 'Popular' Culture,* Ithaca, Cornell University Press

Silverman, David (1993) *Interpreting Qualitative Data: Methods for analysing talk, text and interactien,* London, Sage

Smith, Ian (2007) *Asking Better Questions,* Paisley, Learning Unlimited

Sontag, Susan (1967) *Against Interpretation,* London, Eyre and Spottiswoode／スー

ザン・ソンタグ『反解釈』高橋康也・由良君美・河村錠一郎他訳、ちくま学芸文庫、1996年

Stavenhagen, Rodolfo (1998) Cultural Rights: A social science perspective. In Unesco (ed) *Cultural Rights and Wrongs*. Paris, UNESCO Publishing and Institute of Art and Law

Swortzell, Lowell (1993) Trying to like TiE: An American critic hopes TiE can be saved. In Jackson, T (ed) *Learning Through Theatre: New perspectives on Theatre in Education*. London, Routledge

Taunton, Martha (1983) Questioning Strategies to Encourage Young Children to Talk about Art. *Art Education*, 36 (4) 40-3

The Herald (2005) Dramatic Response over School Trips to the Theatre. *The Herald* 5 July, Glasgow

Tillis, Steve (1992) *Towards an Aesthetics of the Puppet*, Westport CT, Greenwood Press

Tulloch, John (2000) Approaching Theatre Audiences: Active school students and commoditised high culture. *Contempoiary Theatre Review*, 10 (2) 85-104

Ubersfeld, Anne (1982) The Pleasure of the Spectator. *Modern Drama*, 25 (1) 127-139

Vine, Chris (1993) TiE and the Theatre of the Oppressed. In Jackson, T (ed) *Learning Through Theatre: New perspectives on Theatre in Educatien*. London, Routledge

Wilson, Graeme, Macdonald, Raymond, Byrne, Charies, Ewing, Sandra and Sheridan, Marion (2005) *Delivering the Arts in Scottish Schools*. Edinburgh, Scottish Exectuive Education Department

Wood, David (2005) Twenty-Five Years on Whirligig. In Bennett, S (ed) *Theatre for Children and Young People*. Aurora Metro Press

Young Scot (2004) *Expressing Themselves: National youth consultation on the arts*. Edinburgh, Young Scot and Scottish Arts Council

訳者あとがき

　本書は、世界でも数少ない児童青少年に特化した本格的な観客論である。私たちが多分に当り前のことと思いこみ、問わなくなったことを、著者は丁寧に問い続けていく。何を見つめ、何を考えなくてはならないかが、一つひとつ開示されていく。職業・立場によって、その読み方は大きく異なるだろう。読者はその多彩な側面に驚くとともに、おそらく戸惑うことになる。著者マシュー・リーゾン教授は、様々な立場にある読者を、あえて一体化して本書を呈したが、読者は、それぞれの立場からうなずき、納得もし、異論をはさむことになる。翻訳作業を続けながら、これこそが、実は、本書に仕掛けられた著者からの挑戦なのだろうと感じてきた。しかし、そこに確かな愛情が感じられるのである。子ども一人ひとりに寄り添うだけではなく、私たち大人の実践家にも寄り添っているかのようだ。

　そもそも観客論は——本書でも触れているが——演劇研究では「より選ばれない道」であり続けてきた。だから、きわめて少ない。日本語の文献をたぐってみると、経験主義あるいは運動論としての観客論はあっても、理論的、実証的研究はほとんど存在しない。演劇学から離れて、アートマネジメント研究を眺めやると、日本の場合、特に、現場の役に立つものであるべきという側面が強く、観客開発としてのマーケティング戦略としての位置づけとなり、提供者の視点に寄り添う。そのため、子どもは、自分たちにとっての未来の観客のための投資の対象となる——「子どもを産めよ、増やせよ、俺たちの年金のために。保育園はないけどね」という認識と何ら違わない。子どもの「いま」の重要性が無視されてしまうのである。また、公的助成等が求める受益者数の重視は、子どもの体験の質の犠牲の上に成り立つことや、アンケートに寄せられた「良かった」「面白かった」という言葉で質を判断することの意味をきちんと考えたりはしない。一方、エデュケーション（近年では、クリエイティブ・ラーニング）の分野では、少しスタンスが異なり、一人ひとりの関与の性質に関心を抱くものの、「役に立つ」あるいは「効果・成果」から決して無縁ではいられず、ときに観客開発という目的に呑みこまれてしまうのである。

　程度の差はあれ、英国においても、これらの性質は否定し得ない現実である。その性質を理解しながらも、本書は、その直截的な道具主義をやんわりと批判しな

がら、児童青少年にとっての「現在」の鑑賞を、文化資本としてのハビトゥス、権利としての文化権の視点から、彼らが体験する質の意味を探っていく。同時に、理論のみならず、実証研究として子どもの鑑賞の体験の本質を紡ぎあげていく。子どもは何を覚え、何を理解し、何を忘れ、何に転換していくのかを探求していく。子どもの中に生じる忖度にも触れる。鑑賞の必要性を探りながら、ただ観るだけでは必ずしも十分でないことをも導いていく。観客論はとかくマクロの理論で語られるが、本書は一人ひとりの子どもの体験を分析することで、作品と一人ひとりの名前と思いと経験をもった子どもとの相関を描いていく。研究者チームと子どもたちとの対話は生き生きとして、その光景が浮かんでくる。

　本書の著者のマシュー・リーゾン教授は、英国の中世の都市の面影を強く残す美しいヨークの町にあるヨーク聖ジョン大学で教鞭をとっている。研究領域は幅広く、演劇学、舞踊学を横断しながら、児童青少年のみならず、大人の観客が体験し解釈する観客としての喜び、ライブ性そのもの、そして文化政策やアートマネジメントにまで視野は及ぶ。だが、道具主義に陥ることなく、学問と現場のあいだの深い溝を埋め、つなぐことに関心を抱いている。2015年秋、ヨーク市内のキャンパスに教授を訪ねたが、物静かながらも、強い思いをもつ研究者の姿があった。彼の思いと資質は、日本語版序文に目を通された読者にはすでに伝わっているに違いない。

　いつの頃からか、私たちは演劇の演劇としての価値を語る言葉を失くしてきた。その代わりに飛びだしはじめたのが、「経済効果」「便益」「成果」であり、「投資」である。これらの言葉の中には一人ひとりの観客の顔は見えてこない。日本における演劇教育の広がりには喜ぶべきものがあるが、一方で、目的に対する手法ばかりが重視され、演劇そのものの本質、機能、重層性へ視野が向けられなくなってきた。ときに鑑賞は望ましいが、不可欠ではないという空気が漂う。それを導くのが、鑑賞が「受け身」の行為という認識や、鑑賞めぐる研究の不在なのだろう。「生きる力」「表現」「コミュニケーション」という、わかりやすい言葉ばかりが取り上げられ、人間だけが享受しうる、人間としての襞、審美性や批判性はとらえ難くわかりにくいからだろうか、削ぎ落されてしまう。文化政策は鑑賞の重要性を強調するものの、その本質的な価値やビジョンを語ることができず、子どもは「教育されるために演劇を観る」というスタンスから逃れられないままでいる──怖いのは、この教育というスタンスこそが、知的障害者や重度重複障害者

207

等、目に見える教育成果が得られるものではない理由で、さらに、他の観客と一緒に鑑賞できない「不可能な観客」である理由で、疎外につながっていくことだ。だが、障害者であっても、いや誰であっても、本書が求めるように、審美的体験と教育的体験のあいだの新しい関係性の模索こそが問われなくてはならない。それが人権であり、文化権であるはずだ。

　しかし、演劇鑑賞は不要であると空気は、観るべき演劇の不在という視点からも考える必要がある。児童青少年演劇の劇団によって担われる学校公演は、ほとんど一般の人々の目に触れることはない。教育委員会や教師が選ぶ教育にふさわしい内容が、果たして現代の子どもたちにふさわしいものなのかを検証する機会は、ほとんどない。また、小学校１年生から６年生まで一緒に観るというビジネス・モデルにも問題がある。少子化の時代には、むしろ、鑑賞という体験の質を問うモデルを模索すべきなのではないか。高度経済成長期の人口が増加し続けて、手が足らなかった時代のモデルをいまだ維持していることは、自己省察を怠ってきたと考えるべきだろう。この意味において、英国のＴＩＥが１クラス当たりの観客に体験をもたらしてきたことの意義を、再考察する必要もある。このように綴ってきて思い出すのは、ある英国人の演出家が、日本の現代演劇全体の根本的問題は、その圧倒的なまでの商業主義的性質だと指摘したことである。公的助成の不在ゆえに、鑑賞組織等、市民に支えられてきた歴史は誇るべきだが、公的助成が導入されたのちも、その制度矛盾も重なって、商業主義的性質が強く残り続けている。

　また、劇場での児童青少年向きの一般上演の機会は限られていることも考えねばならない。そもそも少なからぬ国が持つ、青少年専用劇場が存在していないのである。1997年に開場した新国立劇場は、児童青少年向きの公演を企画することはない。青山こどもの城の閉鎖は、まさに、この国の子どもの文化に対する姿勢の現れなのだろう。一方で、近年、公立文化施設もその担い手として手を上げ始めたが、児童青少年劇団の活動に比して、多くの資源を投入した結果がこれか、とため息をつくことも少なくない。さらに、もはや子どもではない、だけど大人でもない中・高校生を対象とした演劇となると、それはあまりに少ない——本書で演出家トニー・グラハムが嘆息するように、英国でも同じ課題を抱えている。中学生の学校公演を行っている児童青少年劇団も、その「売りにくさ」を認めている。ちなみに、私自身が翻訳・紹介した『ハンナとハンナ』（作：ジョン・レタラック）、『カラムとセフィーの物語』（原作：マロリー・ブラックマン、脚本：ドミニ

ク・クック）は、まさに、その問題意識から創造された秀作である。それでもあまりに少ないのである。

　商業主義と並ぶ、日本の現代演劇のもうひとつの特徴が、「わかりやすさ」にある。即時的にわかり、即時的に笑えることが求められる。わからないことに耐えられず、待てない。わかりやすくするために全てが語られ、見せられる。説明され過ぎると、想像力を働かせる余地がなくなってしまうにもかかわらず、観客は一方的に直球として投げかけられるメッセージを大人しく受けとめる存在であり、同時に、商業主義的な認識から、安全で、決してリスクを負わない「お客様」で居続けることが求められているようだ。演劇という体験は、わかちあい、問いかけあい、刺激しあう、そして、ときには共犯者になるというコミューナルな概念が抜け落ちてしまっている。

　子どものための演劇は、さらにわかりやすいものが求められる。実は、その逆で、とりわけ幼い子どもたちはわからないに出会っても、本書で描くように、自然と取捨選択して自分なりに解釈する力をもつのだが、大人の方が「わかるはずがない」と決めつけてしまう。そして、わかりやすい内容を、教条的な側面をもって提供する。決して楽しみを否定はしていない。だが、少しばかり即時的な笑いに傾く。一方、非道徳的・非教育的なものは許容されず、大人にとってのいい子を生産するために物語が描かれる。本書でデンマークの演劇人が問うように、大人社会の暗黙理の価値判断が全てを左右し、子どもを取り巻く社会は砂糖菓子のように甘くないのに、そこに甘ったるい幻想が溢れ続けるのである。

　このように綴りながら思い至るのは、本書が示唆しようと挑むのは、それぞれの職業・立場から、希望へつながる自己省察のあり方と方向性である。文化政策立案者として、クリエーターとして、教師として、提供者として。いまここに生きる子どもたち一人ひとりをきちんと見つめることから、希望が紡がれていくということだ。本書の示唆するものに対し、どこまで誠実に向き合い、自己省察できるかで未来はたしかに変化する。本書に出会えたことに感謝したい。

　本書の翻訳・出版にあたり、公益社団法人日本児童演劇協会落合聰三郎基金のご支援を頂いている。マシュー・リーゾン教授からは献身的なサポートとともに、出版の遅れに対して忍耐心をも得た。そして、本書の出版を快諾していただいた晩成書房の存在も大きい。心より御礼を申し上げたい。

　2018年5月

　　　　　　　シアタープランニングネットワーク　中山夏織

マシュー・リーズン
Matthew Reason

ヨーク・セント・ジョンズ大学教授。演劇やダンス、児童青少年演劇に関しての質にまつわる独自の観客論・実践研究を展開するとともに、文化政策やコンテンポラリー・パフォーマンス実践にも関心を広げている。

主な著書に、『Documentation, Disappearance and the Representation of Live Performance』（2006 ）、主な編著に『Kinesthetic Empathy in Creative and Cultural Contexts』、『Applied Practice: Evidence and Impact in Theatre, Music and Art』等多数。

中山夏織
Kaori Nakayama

プロデューサー・翻訳。NPO法人シアタープランニングネットワーク代表。英国シティ大学芸術政策学部芸術経営学修士、同博士課程中退。アートマネジメントや文化政策を教える傍ら、様々な国際交流や人材育成プロジェクトにかかわるとともに、障害児や医療ケア児とその家族のための多感覚演劇「ホスピタルシアタープロジェクト」を展開。

主な著書に『演劇と社会―英国演劇社会史』（美学出版、2003）、主な翻訳に、ヘレン・ニコルソン『応用ドラマ』（而立書房、2015）、主な翻訳戯曲に『カラムとセフィーの物語』『ハンナとハンナ』他。

2012―18 年、日本芸術文化振興会初代プログラムオフィサーを経て、2018年春より桐朋学園芸術短期大学特任教授。

子どもという観客

──児童青少年はいかに演劇を観るのか

2018年9月15日　第1刷印刷	
2018年9月25日　第1刷発行	

著　者　マシュー・リーズン

訳　者　中山夏織

発行者　水野　久

発行所　株式会社 晩成書房

●〒101-0064東京都千代田区猿楽町2-1-16-1F
●TEL 03-3293-8348
●FAX 03-3293-8349

印刷・製本　株式会社 ミツワ

乱丁・落丁はお取り換えいたします。
Printed in Japan
ISBN978-4-89380-485-3 C0074